〔第 2 版〕

演習財務諸表作成の基礎

岸川　公紀　著

五　絃　舎

はしがき

現代の経済社会において、企業は、様々な経営活動を営んでいます。そして、その経営活動の一定期間を区切って記録し、財政状態と経営成績を企業の内外に示すために、財務諸表を作成します。この財務諸表は、資金調達のため、取引先等の信用のため、納税のため、資金提供者への説明のため等々、企業に関わる利害関係者とコミュニケーションをとるために利用されます。そうした意味で、財務諸表は、企業にとって大切な書類であるといえます。

そして、この財務諸表は、企業の経営活動を一定のルールに従って分類、記録、集計することで作成されます。その知識、技術が、簿記会計なのです。すなわち、この簿記会計を理解することにより、財務諸表を理解することができ、ひいては、企業の財政状態や経営業績等を通して、企業の活動を理解することにつながります。

さらに、この簿記会計のシステムは、現在のようなグローバル化した社会であっても変わりはありません。つまり、みなさんの近くのお店（個人企業）であろうが、国際的に活動をしている企業だろうが、簿記会計の基礎的分野は変わらないのです。

しかし、この簿記会計を理解するためには、使用する単語やルールを覚える必要があります。そのためには、何度となく読み、書き、聞くを繰り返し学習する必要があります。ぜひ、本書によって、練習を繰り返して、簿記を自分のものにしてください。

本書は、この度の改訂で、鶴見正史編著『複式簿記概説－財務報告の方法と論理－』に準拠し、その内容も現代企業の取引をもとにしつつ、簿記会計の理論的な理解を身につけ、検定試験の内容にも対応した学習ができるように工夫しています。

現代は、情報化、グローバル化といった経済社会の移り変わりにより企業活動も大きく変化してきています。したがって、その企業活動を表す財務諸表やそれを作成するための簿記会計の表現方法も様々な方法が採られるようになってきました。しかしながら、根底にある簿記会計の理論はまったく変わりません。簿記会計を学習して財務諸表を理解することで、企業の経営活動の内容がわかり、ひいては、経済社会の仕組みも理解できるようになることは、間違いありません。皆さんの健闘を祈ります。

最後になりましたが、本書の刊行に際して、佐賀大学の木戸田先生には、貴重なご助言・ご協力を賜り、深く感謝申し上げます。また、五絃舎の長谷雅春氏には、出版まで終始お世話になりました。紙面をお借りしまして、深く御礼申し上げます。

令和３年３月

岸川　公紀

目　　次

第1章　資産・負債・資本（純資産）と貸借対照表

1－1　次の文章の（　　　）に入る適当な語句を下記の語群から選びなさい。ただし、同じ語を使用してもよい。

(1) 企業の経営活動を一定のルールにしたがって、（ア　　　）・（イ　　　）・整理して、企業が資金をどこから調達し、どのように（ウ　　　）し、どのような成果をあげたかを（エ　　　）額で示すのが簿記である。

(2) 簿記の目的は、一定時点における企業の（オ　　　）と、一定期間の（カ　　　）を明らかにし、財産管理を行うことである。そこで、企業は、一定時点の（オ　　　）を明らかにする表である（キ　　　）と一定期間の（カ　　　）を示す表である（ク　　　）を作成する。そして、それらの表は（ケ　　　）と呼ばれている。

(3) 簿記は、適用する企業によって、主に商品売買業が適用する（コ　　　）、製造業が適用する（サ　　　）、金融機関が適用する（シ　　　）などの種類がある。また、記録、計算の仕組みによって、単式簿記と（ス　　　）に分けられる。

(4) 簿記が記録・計算・整理の対象とする範囲を（セ　　　）という。

(5) 企業の経営活動は継続して営まれているが、簿記の目的を達成するために、その経営活動の区切った一定期間を（ソ　　　）という。そして、その期間の初めを（タ　　　）、終わりを（チ　　　）という。なお、個人企業の会計期間は、通常（ツ　　　）間である。

(6) 簿記には、（テ　　　）、（ト　　　）、（ナ　　　）の三つの前提条件がある。

語群

1. 経営成績	2. 工業簿記	3. 会計単位	4. 期　首
5. 運　用	6. 記　録	7. 商業簿記	8. 損益計算書
9. 複式簿記	10. 1　年	11. 計　算	12. 貨　幣
13. 銀行簿記	14. 財務諸表	15. 期　末	16. 財政状態
17. 貸借対照表	18. 会計期間	19. 貨幣額表示	

解答欄

ア		イ		ウ		エ		オ	
カ		キ		ク		ケ		コ	
サ		シ		ス		セ		ソ	
タ		チ		ツ		テ		ト	
ナ									

※アとイは順不同、テ、トおよびナは、順不同

1－2 次の各要素が増減した場合、企業会計ではどのような勘定科目名で表すのか答えなさい。

(1) 現金を貸付けた時に生じる債権

(2) 他に売り渡すことによって、利益を得る目的で購入する物品

(3) 商品を売り渡し、代金をあとで受け取ることにしたときに生じる債権

(4) 現金などを借り入れたときに生じる債務

(5) 商品を購入し、代金をあとで支払うことにしたときに生じる債務

(6) 営業に用いる机・椅子・陳列ケース・金庫などの物品

(1)		(2)		(3)	
(4)		(5)		(6)	

1－3 下記の各勘定（a/c）は、資産・負債・資本のいずれに属するか、記号で答えなさい。

1．現　金(a/c)　　2．土　地(a/c)　　3．商　品(a/c)　　4．売掛金(a/c)

5．借入金(a/c)　　6．貸付金(a/c)　　7．資本金(a/c)　　8．買掛金(a/c)

9．建　物(a/c)　　10．備　品(a/c)

資　産………［　］［　］［　］［　］［　］［　］［　］

負　債………［　］［　］

資　本………［　］

1－4 福岡商店（個人企業）の20x1年1月1日における資産・負債は次のとおりである。

現　金	¥ 70,000	売掛金	¥ 110,000	商　品	¥ 250,000
備　品	¥ 80,000	買掛金	¥ 60,000	借入金	¥ 150,000

(1) 次の金額を計算しなさい。

資産総額　（¥　　　　　）　負債総額　（¥　　　　　）

純資産（資本）の額（¥　　　　　）

(2) 上記の資料から福岡商店の同日の貸借対照表を作成しなさい。

貸借対照表

（　　）商店　　　　20x1年（　）月（　）日

資　産	金　額	負債および純資産（資本）	金　額

1－5　次の等式を完成しなさい。また、等式の名称を書きなさい。

(a)（ ア ）＝ 負債 ＋ 資本（純資産）　………　（ イ ）等式という。

(b) 資産 － 負債 ＝ （ ウ ）　………　（ エ ）等式という。

ア		イ		ウ		エ	

1－6　20x1年１月１日に、現金¥300,000と建物¥700,000を元入れして開業した佐賀商店の同年12月31日における資産・負債は、次のとおりである。

現　　金　¥ 600,000　　商　　品　¥ 400,000　　建　　物　¥ 800,000

買 掛 金　¥ 360,000　　借 入 金　¥ 500,000　　備　　品　¥ 200,000

(1) 期首（１月１日）の貸借対照表を作成しなさい。

貸借対照表

佐賀商店　　20x1年１月１日

資　　産	金　　額	負債および純資産（資本）	金　　額

(2) 期末（12月31日）の貸借対照表を作成しなさい。なお期首の資本金と当期純利益は個別に表示すること。

貸借対照表

佐賀商店　　20x1年12月31日

資　　産	金　　額	負債および純資産（資本）	金　　額

1－7　次の空欄に、当てはまる適切な金額を記入しなさい。

	期首資産	期首負債	期首資本	期末資産	期末負債	期末資本	当期純利益
(1)	600,000	250,000		800,000	300,000		
(2)		260,000		700,000	260,000		120,000
(3)	987,000		500,000		326,000		212,000

第2章　収益・費用と損益計算書

2－1　次の各勘定（a/c）は、収益・費用のいずれに属するか、記号で答えなさい。

1．雑　　費(a/c)　　2．商品売上益(a/c)　　3．支 払 利 息(a/c)
4．受取手数料(a/c)　　5．支 払 家 賃(a/c)　　6．給　　料(a/c)
7．受 取 利 息(a/c)　　8．受 取 家 賃(a/c)

収　益………				
費　用………				

2－2　次の等式を完成しなさい。また、等式の名称を書きなさい。

(a) 収益 － （ア） ＝ 純利益（マイナスは純損失）
(b) 費用 ＋ （イ） ＝ 収益 ………（ウ）等式という。

ア		イ		ウ	

2－3　大分商店（個人企業）の20x2年1月1日から同年12月31日までに発生した収益および費用は次のとおりである。(1)この期間の収益総額・費用総額および当期純利益の額を計算しなさい。(2)大分商店の損益計算書を作成しなさい。

商品売買益	¥ 150,000	受取手数料	¥ 6,000	受 取 利 息	¥ 5,000
給　　料	¥ 41,000	支 払 家 賃	¥ 20,000	宣伝広告費	¥ 35,000
水道光熱費	¥ 12,000	交 通 費	¥ 5,000	消 耗 品 費	¥ 16,000

(1) 収 益 総 額　（¥　　　　）　　費 用 総 額　（¥　　　　）
　当期純利益　（¥　　　　）

(2)

損 益 計 算 書

（　　）商店　20x2年（　）月（　）日から20x2年（　）月（　）日まで

費　用	金　額	収　益	金　額

2－4　次の空欄に適当な金額を記入しなさい。ただし、記入の必要がない個所には斜線を引くこと。

	収　　益	費　　用	純　利　益	純　損　失
(1)	785,000	655,000		
(2)	1,456,000		323,000	
(3)		2,456,000		128,000

2－5　20x2年１月１日に、現金¥1,000,000を出資して開業した宮崎商会（個人企業）の、20x2年12月31日における資産・負債およびこの期間の収益・費用は次のとおりである。

(1) 損益計算書を作成しなさい。

(2) 期末の貸借対照表を作成しなさい。

現　　金	¥ 800,000	売 掛 金	¥ 700,000	商　　品	¥ 450,000
備　　品	¥ 320,000	買 掛 金	¥ 500,000	借 入 金	¥ 600,000
商品売買益	¥ 515,000	受取手数料	¥ 15,000	給　　料	¥ 270,000
水道光熱費	¥ 16,000	通 信 費	¥ 14,000	支払家賃	¥ 60,000

(1)

損益計算書

宮崎商会　　20x2年１月１日から20x2年12月31日まで

費　　用	金　　額	収　　益	金　　額

(2)

貸借対照表

宮崎商会　　20x1年12月31日

資　　産	金　　額	負債および純資産（資本）	金　　額

2－6　20x1年４月１日に、現金¥1,000,000を出資して開業した高知商店（個人企業）の、20x2年３月31日における資産・負債、およびこの期間の収益・費用は次のとおりである。

（1）期首の貸借対照表を作成しなさい。

（2）損益計算書を作成しなさい。

（3）期末の貸借対照表を作成しなさい。

現　　金	¥　800,000	売　掛　金	¥　550,000	商　　品	¥　400,000
備　　品	¥　350,000	買　掛　金	¥　380,000	借　入　金	¥　450,000
商品売買益	¥　665,000	受取手数料	¥　13,000	給　　料	¥　300,000
水道光熱費	¥　19,000	通　信　費	¥　17,000	支払家賃	¥　72,000

（1）期首貸借対照表

貸　借　対　照　表

高知商店　　20x1年４月１日

資　　産	金　　額	負債および純資産（資本）	金　　額

（2）損益計算書

損　益　計　算　書

高知商店　　20x1年4月1日から20x2年3月31日まで

費　　用	金　　額	収　　益	金　　額

（3）期末貸借対照表

貸　借　対　照　表

高知商店　　20x2年３月31日

資　　産	金　　額	負債および純資産（資本）	金　　額

第3章　取引と勘定

3－1　次の文のうち、簿記上の取引（すなわち、会計測定の対象）となるものには○印を、そうでないものには×印を（　　　）に記入しなさい。

(1) 現金¥500,000を出資して営業を開始した。　………（　　　　　）
(2) 現金¥120,000を貸し付ける契約をした。　………（　　　　　）
(3) 建物¥680,000が火災によって焼失した。　………（　　　　　）
(4) 商品¥30,000を現金で仕入れた。　………（　　　　　）
(5) 店員を1ヵ月¥90,000で雇い入れる約束をした。　………（　　　　　）
(6) 机、椅子を購入し、代金は月末に払うことにした。　………（　　　　　）

3－2　次の各勘定では、増加（または発生)、減少（または消滅）をどちら側に記入するのか（　　　）にあてはまる適当な語句を記入しなさい。

資産勘定	
(　　　　)	(　　　　)

負債勘定	
(　　　　)	(　　　　)

資本勘定	
(　　　　)	(　　　　)

費用勘定	
(　　　　)	(　　　　)

収益勘定	
(　　　　)	(　　　　)

3－3　次の取引について、それはどのような取引要素の結合関係から成り立っているのかを、勘定の名称（勘定科目）とともに、例に習って答えなさい。

(例) 現金¥700,000を元入れして、営業を開始した。
(1) 備品¥350,000を購入し、代金を現金で支払った。
(2) 商品¥50,000を仕入れ、代金は掛けとした。
(3) 銀行より現金¥300,000を借り入れた。
(4) ¥50,000（原価）で仕入れた商品を¥63,000で売却し、代金は掛けとした。
(5) 広告料¥14,000を現金で支払った。

	借方要素	勘定の名称	貸方要素	勘定の名称
例	資産の増加	現金	資本の増加	資本金
(1)				
(2)				
(3)				
(4)				
(5)				

第４章　仕訳と転記

４－１　次の取引について、(1)と(2)の問いに答えなさい。

取引：新八代商店は、¥50,000（原価）で仕入れた商品を¥63,000で売却し、代金は掛けとした。

(1) ①勘定科目名、②①が属する項目（資産・負債・資本・収益・費用)、③変化（増加・減少・発生・消滅)、④記入側（借方・貸方)、⑤金額を答えなさい。

①勘定科目名	②項目	③変化	④記入側	⑤金額

(2) ④記入側にしたがい、勘定科目名と金額のみを記入しなさい。

借　方		貸　方	
①勘定科目名	⑤金額	①勘定科目名	⑤金額

４－２　次の取引の仕訳を示しなさい。

4／1　現金¥100,000を元入れして営業を開始した。
3　備品¥40,000を現金で購入した。
6　銀行から現金¥300,000を借り入れた。
10　商品¥50,000を現金で仕入れた。
15　原価¥30,000の商品を、¥37,000で売り上げ、代金は現金で受け取った。
18　交通費¥3,000を現金で支払った。
25　給料¥5,000を現金で支払った。

	借方科目	金額	貸方科目	金額
4/1				
3				
6				
10				
15				
18				
25				

4－3　次の取引の仕訳を示し、勘定口座（略式）に転記しなさい。ただし、勘定口座には、日付、相手科目、および金額を記入すること。

4月1日　現金¥ 700,000を元入れして、商店を開業した。

借方科目	金　額	貸方科目	金　額

現　　金

資 本 金

4月5日　商品陳列棚を現金¥ 100,000で購入した。

借方科目	金　額	貸方科目	金　額

現　　金

備　　品

4月7日　商品¥ 170,000を掛けで購入した。

借方科目	金　額	貸方科目	金　額

商　　品

買 掛 金

4月9日　原価¥ 70,000の商品を¥ 85,000で売り渡し、代金は掛けとした。

借方科目	金　額	貸方科目	金　額

売 掛 金

商　　品

商品売買益

4－4　次の取引の仕訳を示し、総勘定元帳に転記しなさい（締め切らなくて良い）

6/1　現金¥100,000を元入れして営業を開始した。

3　商品¥50,000を仕入れ、代金のうち¥30,000は現金で支払い、残額は掛けとした。

7　原価¥40,000の商品を¥50,000で売り上げ、代金のうち¥20,000は現金で受け取り、残額は掛けとした。

9　仕入先へ買掛金¥20,000を現金で支払った。

14　得意先より売掛代金¥15,000を現金で受け取った。

18　備品¥50,000を現金で購入した。

25　従業員へ給料¥10,000を現金で支払った。

	借方科目	金額	貸方科目	金額
6/1				
3				
7				
9				
14				
18				
25				

総勘定元帳（元帳）

現　　金　1

売　掛　金　2

商　　品　3

備　　品　4

買　掛　金　5

資　本　金　6

商品売買益　7

給　　料　8

第５章　仕訳帳と総勘定元帳

5－1　次の取引を仕訳帳に仕訳をし（小書きおよび区切り線も記入すること）、総勘定元帳（標準式）に記入しなさい。

7／4　福西銀行より現金¥100,000を借り入れた。

　9　福岡商店より商品¥50,000を現金で仕入れた。

　14　原価¥40,000の商品を佐賀商店に¥60,000で売り上げ、代金は現金で受け取った。

仕　訳　帳　　1

20x1年		摘　要	元丁	借　方	貸　方

総勘定元帳

現　金　　1

20x1年		摘　要	仕丁	借　方	20x1年		摘　要	仕丁	貸　方

商　品　　4

借　入　金　　8

商品売買益　　11

5－2　問5－1の総勘定元帳を残高式で作成しなさい。

総勘定元帳

現　　金　　1

20x1年		摘　　要	仕丁	借　　方	貸　　方	借／貸	残　　高

商　　品　　4

借 入 金　　8

商品売買益　　11

5－3　次の取引を仕訳帳に記入し、ページ替えの記入を示しなさい。なお、元丁欄の記入は省略する。

6月1日　現金¥500,000を出資して開業した。

15日　上野商店へ買掛金の一部¥150,000を現金で支払った。なお、1ページの借方、貸方の合計は、¥850,000であった。

24日　岩手銀行に借入金¥120,000を利息¥7,200とともに現金で支払った。

仕　訳　帳　　1

20x1年		摘　　　要	元丁	借　　方	貸　　方
6	1				
	15				

仕　訳　帳　　2

20x1年		摘　　　要	元丁	借　　方	貸　　方
6	24				

第６章　試算表と精算表

６－１　下記に示した福岡商店の20x3年12月31日における勘定口座の記入から、合計試算表を作成しなさい。

現　　金	1
70,000	20,000
40,000	38,000
21,000	1,800
3,000	11,000
8,000	6,120
	4,000
	12,000

売　掛　金	2
10,000	8,000
10,000	

商　　品	3
58,000	36,000
21,000	8,000

備　　品	5
20,000	

買　掛　金	6
12,000	20,000
	10,000

借　入　金	7
6,000	21,000

資　本　金	8
	70,000

商品売買益	11
	14,000
	2,000

受取手数料	12
	3,000

給　　料	15
4,000	

消 耗 品 費	16
1,800	

支 払 利 息	19
120	

合 計 試 算 表

20x3年12月31日

借　　方	元丁	勘 定 科 目	貸　　方

6－2　問題6－1に示した福岡商店の20x3年12月31日における勘定口座の記入から、残高試算表を作成しなさい。

残高試算表

20x3年12月31日

借　方	元丁	勘定科目	貸　方
	1	現　金	
	2	売掛金	
	3	商　品	
	5	備　品	
	6	買掛金	
	7	借入金	
	8	資本金	
	11	商品売買益	
	12	受取手数料	
	15	給　料	
	16	消耗品費	
	19	支払利息	

6－3　福岡商店の次の取引の仕訳を元帳に記入し、4月30日における合計残高試算表を作成しなさい。元帳への転記は日付・相手勘定科目・金額を記入すること。

	借方科目	金　額	貸方科目	金　額
4/1	現　金	200,000	資本金	200,000
3	商　品	80,000	現　金	80,000
7	現　金	62,000	商　品 商品売買益	47,000 15,000
10	商　品	45,000	現　金 買掛金	20,000 25,000
14	現　金 売掛金	30,000 25,000	商　品 商品売買益	40,000 15,000
16	買掛金	15,000	現　金	15,000
20	現　金	14,000	売掛金	14,000
25	給　料 支払家賃 雑　費	15,000 5,000 2,000	現　金	22,000

総勘定元帳

現　　金　1

売　掛　金　2

商　　品　3

買　掛　金　5

資　本　金　6

商品売買益　10

給　　料　13

支払家賃　14

雑　　費　15

合計残高試算表

20x1年4月30日

借方		元丁	勘定科目	貸方	
残高	合計			合計	残高
			現　　金		
			売　掛　金		
			商　　品		
			買　掛　金		
			資　本　金		
			商品売買益		
			給　　料		
			支払家賃		
			雑　　費		

6－4　次の仕訳帳の締め切りを行い、総勘定元帳（3月中の取引）から合計試算表を完成しなさい。ただし、仕訳帳の3月31日分は、すでに転記済みである。

仕　訳　帳

13

20x1年		摘　　　要	元丁	借　方	貸　方
		前ページから		3,388,000	3,388,000
3	31	（給　　料）	9	1,000	
		（現　　金）	1		1,000
		3月分支払い			

総勘定元帳

（3月中の取引）

現　金　1

借方	貸方
86,000	69,300

売掛金　2

借方	貸方
12,000	50,000

商　品　3

借方	貸方
52,000	48,000

備　品　4

借方	貸方
10,000	

買掛金　5

借方	貸方
31,000	35,000

借入金　8

借方	貸方
20,000	

商品売買益　8

借方	貸方
	24,000

給　料　9

借方	貸方
14,000	

水道光熱費　10

借方	貸方
1,300	

合計試算表

20x1年3月31日

借方合計	3月中の取引	2月末まで	元丁	勘定科目	2月末まで	3月中の取引	貸方合計
		1,173,000	1	現　金	665,700		
		718,000	2	売掛金	490,000		
		580,000	3	商　品	528,000		
		110,000	4	備　品			
		349,000	5	買掛金	385,000		
		60,000	6	借入金	130,000		
			7	資本金	700,000		
			8	商品売買益	264,000		
		158,000	9	給　料			
		14,700	10	水道光熱費			
		3,162,700			3,162,700		

6－5　次の精算表を完成させなさい。

精　算　表

勘定科目	試算表		損益計算書		貸借対照表	
	借方	貸方	借方	貸方	借方	貸方
現　　　金	310,000					
売　掛　金	240,000					
商　　　品	150,000					
備　　　品	80,000					
買　掛　金		260,000				
資　本　金		500,000				
商品売買益		100,000				
給　　　料	50,000					
支払家賃	26,000					
消耗品費	4,000					
当期純（　　）						
	860,000	860,000				

6－6　次の総勘定元帳勘定残高から精算表を作成しなさい。

現　　金	¥ 348,000	売 掛 金	¥ 454,000	商　　品	¥ 74,000
備　　品	180,000	買 掛 金	254,000	借 入 金	200,000
資 本 金	500,000	商品売買益	432,000	給　　料	174,000
宣伝広告費	138,000	雑　　費	12,000	支払利息	6,000

精　算　表

20x1年12月31日

勘定科目	残高試算表		損益計算書		貸借対照表	
	借方	貸方	借方	貸方	借方	貸方
現　　　金						
売　掛　金						
商　　　品						
備　　　品						
買　掛　金						
借　入　金						
資　本　金						
商品売買益						
給　　　料						
宣伝広告費						
雑　　　費						
支払利息						
当期純（　　）						

第７章　仕訳帳と総勘定元帳の締切

7－1　次の収益の各勘定について、残額を損益勘定に振り替える仕訳を示し、転記して締め切りなさい。ただし、損益勘定は締め切る必要はない。

	借方科目	金額	貸方科目	金額
3/31				

商品売買益

		3/5 諸口	30,000
		11 売掛金	45,000
		23 諸口	22,000

受取手数料

		3/15 現金	15,000

損益

7－2　次の費用の各勘定について、残額を損益勘定に振り替える仕訳を示し、転記して締め切りなさい。ただし、損益勘定は締め切る必要はない。

	借方科目	金額	貸方科目	金額
3/31				

給料

3/5 現金	60,000		

支払家賃

3/15 現金	15,000		

損益

		3/31 商品売買益	97,000
		〃 受取手数料	15,000

7－3　次の損益勘定で計算された当期純利益を資本金勘定に振り替える仕訳を示し、転記して損益勘定と資本金勘定を締め切りなさい。

	借方科目	金額	貸方科目	金額
3/31				

損益

3/31 給料	60,000	3/31 商品売買益	97,000
〃 支払家賃	15,000	〃 受取手数料	15,000

資本金

		3/1 前期繰越	300,000

7－4　本日決算により、次の収益と費用に関する勘定から、損益勘定へ振り替える仕訳を行い転記し、締め切りなさい。なお、会計期間は1年とし、決算日は12月31日とする。

	借　方　科　目	金　額	貸　方　科　目	金　額
12/31				

商品売買益

	90,000

受取手数料

	10,000

給　料

60,000	

消耗品費

5,000	

支払家賃

20,000	

損　益

資本金

	500,000

7－5　次の資産・負債・資本の各勘定を締め切りなさい。ただし、決算日は3月31日である。

現　金

780,000	180,000

資本金

	4/1　前期繰越　500,000
	3/31　損　　益　37,000

買掛金

130,000	320,000

7－6　次の総勘定元帳の勘定記録に基づいて、仕訳帳に決算に必要な仕訳を示し、総勘定元帳の各勘定に転記して締め切りなさい（決算日　12月31日）。なお、小書き、開始記入も行うこと。

仕　訳　帳　　5

20x1年		摘　　要	元丁	借　方	貸　方
		（決 算 仕 訳）			

資　本　金　　12

20x1年		摘　要	仕丁	借　方	20x1年		摘　要	仕丁	貸　方
					12	1	現　　金	1	500,000

商品売買益　　13

					12	5	売 掛 金	1	200,000
						19	現　　金	2	80,000

受取手数料　　14

					12	23	現　　金	2	60,000

給　料　　15

12	26	現　　金	3	100,000					

宣伝広告費　　16

12	10	現　　金	1	40,000					

雑　費　　17

12	16	現　　金	2	70,000					

損　益　　18

7－7　新下関商店の20x1年12月31日における総勘定元帳の記録は、次のとおりである。

(1) 決算振替仕訳を示しなさい。

(2) 資本金勘定・損益勘定に記入し、締め切りなさい（日付，相手科目，金額を記入すること。）

(3) 繰越試算表を作成しなさい。

現　　金　1	
360,000	

売　掛　金　2	
270,000	

商　　品　3	
120,000	

備　　品　4	
100,000	

買　掛　金　5	
	68,000

商品売買益　7	
	185,000

給　　料　8	
95,000	

雑　　費　9	
8,000	

(1)

	借　方　科　目	金　　額	貸　方　科　目	金　　額
12/31				
〃				
〃				

(2)

損　　益	

資　本　金	
	1/1　前期繰越　700,000

(3)

繰越試算表

20x1年12月31日

借　　方	元丁	勘定科目	貸　　方
	1	現　　　金	
	2	売　掛　金	
	3	商　　　品	
	4	備　　　品	
	5	買　掛　金	
	6	資　本　金	

第8章　貸借対照表と損益計算書の作成

8－1　岩国商店の次の損益勘定および繰越試算表によって、貸借対照表と損益計算書を完成しなさい。ただし、会計期間は20x1年1月1日から20x1年12月31日までとする。

損　　益　　10

12/31	給　　料	160,000	12/31	商品売買益	238,000
〃	支払家賃	35,000	〃	受取手数料	25,000
〃	雑　　費	8,000			
〃	支払利息	2,000			
〃	資 本 金	58,000			
		263,000			263,000

繰越試算表

20x1年12月31日

借　　方	元丁	勘定科目	貸　　方
287,000	1	現　　金	
480,000	2	売 掛 金	
78,000	3	商　　品	
150,000	4	備　　品	
	5	買 掛 金	337,000
	6	借 入 金	100,000
	7	資 本 金	558,000
995,000			995,000

損 益 計 算 書

岩国商店　　20x1年1月1日から20x1年12月31日まで

費　　用	金　　額	収　　益	金　　額

貸 借 対 照 表

岩国商店　　20x1年12月31日

資　　産	金　　額	負債および資本（純資産）	金　　額

8－2　20x1年１月１日に現金¥1,000,000を元入れして開業した徳山商店の期末の総勘定残高は次のとおりであった。

(1) 損益計算書を作成しなさい。

(2) 貸借対照表を作成しなさい。

元帳勘定残高

現　　金 ¥ 296,000	売 掛 金 ¥ 465,000	商　　品 ¥ 364,000
建　　物 500,000	備　　品 80,000	買 掛 金 326,000
借 入 金 100,000	商品売買益 587,000	受取手数料 30,000
給　　料 324,000	雑　　費 8,000	支払利息 6,000

(1)

損 益 計 算 書

徳山商店　　20x1年１月１日から20x1年12月31日まで

費　　用	金　　額	収　　益	金　　額

(2)

貸 借 対 照 表

徳山商店　　20x1年12月31日

資　　産	金　　額	負債および資本（純資産）	金　　額

第９章　総合問題（１）

９－１　鳥栖商店の20x1年の取引は、下記のとおりである。

(1)　１月中の取引の仕訳を示し、各勘定口座（略式）に転記しなさい。ただし、勘定口座には、日付、相手科目および金額を記入すること。

(2)　次の手続きにしたがって、１月末の決算を行いなさい。

ア．合計残高試算表を作成しなさい。

イ．精算表を作成しなさい。

ウ．決算に必要な仕訳を示し、各勘定口座に転記のうえ、締め切りなさい。

エ．繰越試算表を作成しなさい。

オ．損益計算書と貸借対照表を作成しなさい。

取　　引

１月１日　現金¥1,000,000を出資して、事業を開始した。

３日　備品¥170,000を買い入れ、代金は現金で支払った。

５日　商品¥428,000を仕入れ、代金¥100,000は現金で支払い、残額は掛けとした。

８日　商品¥378,000（原価¥270,000）を売り渡し、代金は現金で受け取った。

10日　買掛金¥180,000を現金で支払った。

12日　商品¥530,000を仕入れ、代金は掛けとした。

15日　商品¥517,000（原価¥345,000）を売り渡し、代金¥200,000は現金で受け取り、残額は掛けとした。

17日　銀行から¥100,000を借り入れ、現金で受け取った。

20日　商品¥327,000（原価¥234,000）を売り渡し、代金は掛けとした。

25日　本月分の給料¥125,000と家賃¥45,000を現金で支払った。

26日　買掛金¥400,000を現金で支払った。

28日　売掛金¥300,000を現金で受け取った。

30日　借入金の利息¥4,600を現金で支払った。

31日　本日決算を行う。

	借　方　科　目	金　　額	貸　方　科　目	金　　額
1/1				
3				
5				
8				
10				

	借方科目	金額	貸方科目	金額
1/12				
15				
17				
20				
25				
26				
28				
30				

（決算仕訳）

	借方科目	金額	貸方科目	金額
1/31				
〃				
〃				

総勘定元帳

現　　金　1

売掛金　2

商　　品　3

備　　品　4

買掛金　5

借入金　6

資本金 7

商品売買益 8

給料 9

損益 12

支払家賃 10

支払利息 11

合計残高試算表

20x1年1月31日

借方 残高	借方 合計	元丁	勘定科目	貸方 合計	貸方 残高
		1	現金		
		2	売掛金		
		3	商品		
		4	備品		
		5	買掛金		
		6	借入金		
		7	資本金		
		8	商品売買益		
		9	給料		
		10	支払家賃		
		11	支払利息		

繰越試算表

20x1年1月31日

借方	元丁	勘定科目	貸方
	1	現金	
	2	売掛金	
	3	商品	
	4	備品	
	5	買掛金	
	6	借入金	
	7	資本金	

精　算　表

20x1年１月31日

勘定科目	残高試算表		損益計算書		貸借対照表	
	借　方	貸　方	借　方	貸　方	借　方	貸　方
現　　金						
売 掛 金						
商　　品						
備　　品						
買 掛 金						
借 入 金						
資 本 金						
商品売買益						
給　　料						
支払家賃						
支払利息						
当期純（　　）						

損 益 計 算 書

鳥栖商店　　20x1年１月１日から20x1年１月31日まで

費　　用	金　　額	収　　益	金　　額

貸 借 対 照 表

鳥栖商店　　20x1年１月31日

資　　産	金　　額	負債および資本(純資産)	金　　額

第10章　現金と預金の処理

10－1　次の取引の仕訳を示しなさい。

(1) 広島商店に商品¥234,000（原価¥180,000）を売り渡し、代金のうち、¥100,000は現金で受け取り、残額は郵便為替証書で受け取った。

(2) 得意先東京商店に対する売掛金¥120,000を送金小切手で受け取った。

	借方科目	金額	貸方科目	金額
(1)				
(2)				

10－2　次の取引を現金出納帳に記入し、締め切りなさい。

7月5日　尾道商店から商品¥50,000を仕入れ、代金は、現金で支払った。

15日　福山事務機より備品¥120,000を現金で買い入れた。

20日　倉敷商店に対する売掛代金¥90,000を現金で受け取った。

30日　給料7月分¥50,000を現金で支払った。

現金出納帳

20x1年		摘要	収入	支出	残高
7	1	前月繰越	300,000		300,000

10－3　次の取引の仕訳を示しなさい。

(1) 現金の実際有高は¥40,000であり、現金勘定（帳簿）残高は¥45,000であった。

(2) 上記不足の原因は、¥4,000が買掛金の支払いの記入もれ、残額は不明である。なお、本日は決算日である。

	借方科目	金額	貸方科目	金額
(1)				
(2)				

10－4　次の取引の仕訳を示しなさい。

(1) 現金の実際有高は¥37,000であり、現金勘定（帳簿）残高は¥30,000であった。

(2) 上記過剰の原因は、¥1,800が売掛金回収の記入もれ、残額は不明である。なお、本日は決算日である。

	借　方　科　目	金　　額	貸　方　科　目	金　　額
(1)				
(2)				

10－5　次の取引の仕訳を示しなさい。

(1) 岡山商店へ商品（原価¥90,000）を¥115,000で売り渡し、代金は同店振り出しの小切手で受け取り、ただちに当座預金とした。

(2) 相生商店から商品¥160,000を仕入れ、代金は当店振り出しの小切手で支払った。

(3) 明石商店から売掛金¥80,000が、当店の当座預金口座に振り込まれた。

(4) 加古川商店に対する買掛金¥100,000の支払いとして、昨日得意先宝塚商店から受け取った同店振り出しの小切手¥40,000と当店振り出しの小切手¥60,000を渡して支払った。

(5) 兵庫銀行に預けていた定期預金¥100,000が満期となり、利息¥3,000とともに、普通預金に預け入れた。

(6) ７月分の業務で使用している携帯の使用料¥26,000および電気の使用料¥6,200が当店の普通預金から引き落としされた。

	借　方　科　目	金　　額	貸　方　科　目	金　　額
(1)				
(2)				
(3)				
(4)				
(5)				
(6)				

10－6　次の取引の仕訳を示し、当座預金勘定に転記するとともに、当座預金出納帳を作成してこれを締め切りなさい。なお、銀行と限度額¥700,000の当座借越契約を結んでいる。

6/3　大分商店への買掛代金¥100,000を、小切手を振り出して支払った。

7　宮崎商店へ商品¥115,000（原価¥75,000）を売り渡し、代金のうち¥65,000は同店振出しの小切手で受け取り、残額は掛とした。なお、小切手はただちに当座預金とした。

15　山口商店より商品¥170,000を仕入れ、代金は小切手を振り出して支払った。

20　長崎商店から売掛代金¥70,000を送金小切手で受け取り、ただちに当座預金とした。

25　熊本商店への売掛金¥130,000を同店振り出しの小切手で受け取り、ただちに当座預金とした。

28　今月分の家賃¥60,000について、小切手を振り出して支払った。

	借方科目	金額	貸方科目	金額
6/3				
7				
15				
20				
25				
28				

当座預金

80,000	

当座預金出納帳

20x1年		摘要	預入	引出	借/貸	残高
		前期繰越	80,000		借	80,000

10－7　次の取引を小口現金出納帳に記入し、締め切りなさい。なお、定額資金前渡制（インプレスト・システム）を採用し、小口現金係は毎週金曜日の営業時間終了時にその週の支払いを報告し、資金の補給を受けている。

6月20日(月)　郵便切手・はがき代　¥6,500　　6月21日(火)　タクシー代　¥4,850
22日(水)　封筒・伝票代　¥6,750　　23日(木)　お茶・コーヒー代　¥6,100
24日(金)　電車・バス代　¥3,950

小口現金出納帳

収入	20x1年		摘要	支払	内訳			
					通信費	旅費交通費	消耗品費	雑費
50,000	6	20	前週繰越					
			合　計					
			本日補給					
			次週繰越					
			前週繰越					

10－8　次の取引の仕訳を示しなさい。

(1) 小口現金係から、次のような支払いの報告を受けたため、ただちに小切手を振り出して資金を補給した。なお、当店では、定額資金前渡制度(インプレスト・システム)により、小口現金係から毎週金曜日に1週間の支払報告を受け、これに基づいて、資金を補給している。

電車代　¥13,620　　切手・はがき代　¥5,300　　茶菓代　¥3,730

(2) 週末に、会計係は小口現金担当者から当月分の現金支払高について次の報告を受けた。ただし、定額資金前渡制度を採用しており，資金の補給は週始めに行っている。

旅費交通費　¥8,500　　消耗品費　¥2,100

	借方科目	金額	貸方科目	金額
(1)				
(2)				

第11章　商品勘定の処理

11－1　次の取引を3分法によって仕訳し、仕入勘定と売上勘定に転記しなさい。

8/2　佐賀商店へ商品¥165,000を売り渡し、代金は掛けとした。なお、発送代金¥5,500を現金で支払った。

5　大分商店より商品¥87,000を仕入れ、代金は掛けとした。

7　佐賀商店へ売り渡した商品のうち、一部が品違いだったため、商品¥3,300が返品された。

10　長崎商店から商品¥160,000を仕入れ、代金は掛けとした。なお、引取運賃¥8,000を現金で支払った。

11　長崎商店から仕入れた商品のうち¥8,000を品質不良のため返品した。

15　宮崎商店へ商品¥93,000を売り渡し、代金のうち¥63,000は同店振り出しの小切手で受け取り、残額は掛けとした。

17　佐賀商店へ商品¥120,000を売り渡し、代金は掛けとした。なお、先方負担の発送代金¥5,000を現金で支払った。先方負担の発送代金については掛け代金に含めて処理をする。

28　宮崎商店へ売り渡した商品のうち、¥5,000が品違いのため返品された。

	借方科目	金額	貸方科目	金額
8/2				
5				
7				
10				
11				
15				
17				
28				

仕　　入

売　　上

11－2　次の取引を３分法によって仕訳を示し、仕入帳と売上帳に記入して締め切りなさい。

9／3　佐賀商店から商品¥600,000（Ａ型スマホ15台@¥18,000、Ｂ型スマホ15台@¥22,000）を掛けで仕入れた。なお、引取運賃¥6,000を現金で支払った。

6　上記の商品のうち、不良品¥36,000（Ａ型スマホ２台@¥18,000）を返品した。

12　長崎商店へ商品¥168,000（Ｂ型スマホ６台@¥28,000）を売り渡し、代金のうち¥120,000は同店振り出しの小切手で受け取り、残額は掛けとした。

16　大分商事から商品¥300,000（Ｃ型スマホ12台@¥25,000）を掛けで仕入れた。なお、引取運賃¥5,500を現金で支払った。

18　長崎商店へ売り上げた商品につき、¥28,000（Ｂ型スマホ１台）の返品を受けた。

23　大分商事から仕入れた商品につき、¥50,000（Ｃ型スマホ２台）を返品した。

27　宮崎商店へ商品¥463,000（Ａ型スマホ８台@¥23,000、Ｃ型スマホ９台@¥31,000）を掛けで売り渡した。

29　長崎商店へ商品¥252,000（Ｂ型スマホ９台@¥28,000）を売り渡し、代金は掛けとした。なお、当店負担の発送代金¥1,500は、現金で支払った。

	借　方　科　目	金　　額	貸　方　科　目	金　　額
9/3				
6				
12				
16				
18				
23				
27				
29				

仕　入　帳

20x1年		摘　　要	内　　訳	金　　額

売　上　帳

20x1年		摘　　要	内　　訳	金　　額

11－3　次の資料に基づいて、(1)先入先出法と(2)移動平均法による商品有高帳の記入を示しなさい。

1月9日　仕入　30ダース　@¥310　　1月21日　仕入　40ダース　@¥252
16日　売上　40ダース　@¥500　　29日　売上　30ダース　@¥450

商品有高帳

(1)先入先出法　　ボールペン

20x1年		適　要	受入			払出			残高		
			数量	単価	金　額	数量	単価	金　額	数量	単価	金　額
1	1	前月繰越	30	320	9,600				30	320	9,600

商品有高帳

(2)移動平均法　　ボールペン

20x1年		適　要	受入			払出			残高		
			数量	単価	金　額	数量	単価	金　額	数量	単価	金　額
1	1	前月繰越	30	320	9,600				30	320	9,600

11－4　次の関連ある問いに答えなさい。

(1) 期中に商品100個（原価¥10,000）を仕入れ、期末に手許に商品10個（原価¥1,000）残っていた。なお、期首において手許に50個（原価¥5,000）あったとすると、売れた商品の個数および原価はいくらになるか。

式：¥　　　（　　個）＋　¥　　　（　　個）－　¥　　　（　　個）
　　＝¥　　　（　　個）

よって、売れた個数は＿＿＿＿個であり、売れた商品の原価は¥＿＿＿＿＿である。

(2) 上記において、売上高が¥20,000であった。このときの商品売買益はいくらか。

商品売買益　＝　売れた商品の売価　－　売れた商品の原価
　　　　　　＝　¥　　　（　　個）　－　¥　　　（　　個）
　　　　　　＝　¥

よって、商品売買益は¥＿＿＿＿＿になる。

(3) 期首商品棚卸高、仕入高、期末商品棚卸高、売上高を使って商品売買益（損）を計算する過程の式を完成させなさい。

（　　　　　　）＋（　　　　　）－（　　　　　　）＝　売上原価
（　　　　　）－（　　　　　　）＝　商品売買益（損）

(4) 商品売買益計算のための仕訳を次の手順により示し、各勘定に転記しなさい。なお、各勘定には番号と金額を示すこと。なお、期末商品棚卸高は¥1,000である。

① 仕入高　＋　期首商品棚卸高

借　方　科　目	金　　額	貸　方　科　目	金　　額

② ①の金額　－　期末商品棚卸高

借　方　科　目	金　　額	貸　方　科　目	金　　額

③ 売上原価を損益勘定へ振り替える。

借　方　科　目	金　　額	貸　方　科　目	金　　額

④ 売上高を損益勘定へ振り替える。

借　方　科　目	金　　額	貸　方　科　目	金　　額

繰越商品

借方	貸方
1/1 前期繰越　5,000	

仕　入

借方	貸方
10,000	

売　上

借方	貸方
	20,000

損　益

借方	貸方

第12章　売掛金と買掛金

12－1　次の取引の仕訳を示すとともに、売掛金勘定に転記し、売掛金元帳に記入しなさい。ただし、商品に関する勘定は3分法によること。なお、仕訳帳は、2ページとする。

5月6日　小田原商店に商品¥135,000を売り渡し、代金は掛けとした。

9日　小田原商店に売り渡した上記の商品の一部に品違いがあり、¥2,000が戻された。

15日　東京商店に商品¥320,000を売り渡し、代金のうち¥120,000は現金で受け取り、残額は掛けとした。

27日　東京商店に対する売掛金¥220,000を、同店振り出しの小切手で受け取った。

	借方科目	金額	貸方科目	金額
5/6				
9				
15				
27				

総勘定元帳

売掛金　1

20x1年		摘要	仕丁	借方	20x1年		摘要	仕丁	貸方
5	1	前期繰越	✓	200,000					

売掛金元帳

小田原商店　1

20x1年		摘要	借方	貸方	借または貸	残高

東京商店　2

20x1年		摘要	借方	貸方	借または貸	残高
5	1	前月繰越	200,000		借	200,000

12－2　次の取引の仕訳を示すとともに、買掛金勘定に転記し、買掛金元帳に記入しなさい。ただし、商品に関する勘定は３分法によること。なお、仕訳帳は３ページとする。

6月6日　徳島商店から商品¥450,000を仕入れ、代金の一部¥100,000は小切手で支払い、残額は掛けとした。

14日　香川商店から商品¥230,000を仕入れ、代金は掛けとした。

18日　香川商店から仕入れた上記の商品について品違いにより¥5,000を返品した。

25日　徳島商店に対する買掛金¥230,000を小切手で支払った。

	借方科目	金額	貸方科目	金額
6/6				
14				
18				
25				

総勘定元帳

買掛金　8

20x1年		摘要	仕丁	借方	20x1年		摘要	仕丁	貸方
					6	1	前期繰越	✓	150,000

買掛金元帳

徳島商店　1

20x1年		摘要	借方	貸方	借または貸	残高

香川商店　2

20x1年		摘要	借方	貸方	借または貸	残高
6	1	前月繰越		150,000	貸	150,000

12－3　次の取引の仕訳を示しなさい。

(1) 商品¥10,000をクレジット払いの条件で販売した。なお、信販会社への手数料（販売代金御4％）を販売時に認識する。

(2) 上記(1)について、手取額が信販会社から当座預金口座に入金された。

(3) 当店は商品¥50,000を販売し、代金はクレジットカードにより決済された。なお、信販会社へのクレジット手数料は販売代金の1％であり、これは販売時に認識するものとする。

(4) 本日，上記の商品販売代金について、1％のクレジット手数料を差引いた当社の手取金が信販会社より当社の普通預金に振り込まれた。

(5) 北九州商会より商品を仕入れ、品物とともに次の請求書を受け取り、代金は後日支払うこととした。

20x3年8月31日

佐賀商店　様

㈱北九州商会

納品書兼請求書

いつもお世話になっております。下記のとおり納品・ご請求申し上げます。

品　名	数　量	単　価	金　額
石鹸　ラベンダー	100	¥250	¥25,000
石鹸　カモミール	50	¥250	¥12,500
		合　計	¥37,500

ご入金は20x3年9月12日までに合計額を下記口座にお願いいたします。
小倉銀行小倉支店　普通預金　45678945　㈱北九州商会

(6) 商品を売り上げ、商品とともに次の請求書の原本を発送し、代金の全額を掛代金として処理した。また、大分商店への請求額と同額の送料を現金で支払った。

請求書（控）

大分商店御中

株式会社宮崎商会

品　名	数　量	単　価	金　額
夏物　半そで	50	¥1,250	¥62,500
夏物　スカート	20	¥4,300	¥86,000
送料	－	－	¥1,200
		合　計	¥149,700

	借　方　科　目	金　額	貸　方　科　目	金　額
(1)				
(2)				
(3)				
(4)				
(5)				
(6)				

第13章　貸倒損失と貸倒引当金

13－1　決算（決算年1回3月31日）にさいし、売掛金残高¥320,000に対し2％の貸し倒れを見積り計上した。ただし、貸倒引当金の残高が¥2,400ある。この時、差額を計上する方法（差額補充法）における仕訳を示し、各勘定に転記し、締め切りなさい。各勘定口座には、日付、相手科目、金額を示すこと。

借方科目	金額	貸方科目	金額

貸倒引当金繰入

貸倒引当金

	2,400

13－2　次の取引の仕訳を示しなさい。

(1) 富山商店が倒産し、売掛金¥20,000が貸し倒れになった。

(2) 上野商店が倒産し、前期の取引による売掛金¥20,000が貸し倒れとなった。ただし、貸倒引当金が¥70,000ある。

(3) 得意先長野株式会社が倒産し、同社に対する前期取引による売掛金¥70,000が貸し倒れとなった。ただし、貸倒引当金が¥30,000ある。

(4) 得意先山口株式会社が倒産したので、同社に対する売掛金¥54,000が回収できなくなったので、貸倒れの処理を行った。なお、貸倒引当金の残高は¥42,000であり、売掛代金のうち¥33,000は前期の、¥21,000は当期の販売分であった。

(5) 前期に貸倒れとして処理をしていた売掛金¥30,000が、現金により回収できた。

	借方科目	金額	貸方科目	金額
(1)				
(2)				
(3)				
(4)				
(5)				

補章1　補充問題(1)

補1－1　佐賀商店の下記の取引について、

(1) 仕訳帳に記入して、総勘定元帳の売掛金勘定に転記しなさい。

(2) 売上帳・仕入帳・売掛金元帳（得意先元帳）・買掛金元帳（仕入先元帳）・商品有高帳に記入して、締め切りなさい。

ただし、i　商品に関する勘定は3分法によること。

ii　仕訳帳の小書きは省略する。

iii　元丁欄には、売掛金勘定に転記するときだけ記入すればよい。

iv　商品有高帳は、A品について先入先出法（買入順法）によって記入すること。

取　引

3月5日　郡山商店から次の商品を仕入れ、代金の一部¥ 130,000については小切手で支払い、残額は掛けとした。

A品　350個　@¥500　¥175,000

B品　400個　@¥650　¥260,000

8日　福島商店に次の商品を売り渡し、代金は掛けとした。

A品　320個　@¥850　¥272,000

B品　250個　@¥900　¥225,000

10日　仙台商店に次の商品を売り渡し、代金は掛けとした。

B品　100個　@¥900　¥90,000

12日　仙台商店に売り渡した上記商品の一部に品質不良のものがあったので、次のとおり返品された。なお、この代金は売掛金から差し引くことにした。

B品　5個　@¥900　¥4,500

15日　北上商店から次の商品を仕入れ、代金は掛けとした。

B品　100個　@¥670　¥67,000

16日　北上商店から仕入れた上記の商品について品質不良のため返品した。なお、この代金は買掛金から差し引くことにした。

B品　10個　@¥670　¥6,700

20日　郡山商店の買掛金¥200,000について、小切手を振り出して支払った。

27日　福島商店から売掛金の一部¥360,000を、同店振り出しの小切手で受け取った。

仕　訳　帳

1

20x1年		摘　　要	元丁	借　方	貸　方
3	1	前期繰越高		3,450,000	3,450,000

仕　訳　帳

2

20x1年		摘　　要	元丁	借　方	貸　方

総勘定元帳

売　掛　金　　3

20x1年		摘　要	仕丁	借　方	20x1年		摘　要	仕丁	貸　方
3	1	前期繰越	✓	200,000					

売　上　帳

1

20x1年		摘　　要	内　訳	金　額

仕　入　帳

1

20x1年		摘　　要	内　訳	金　額

売 掛 金 元 帳

福 島 商 店　　1

20x1年		摘　要	借　方	貸　方	借貸	残　高

仙 台 商 店　　2

20x1年		摘　要	借　方	貸　方	借貸	残　高
3	1	前月繰越	200,000		借	200,000

買 掛 金 元 帳

郡 山 商 店　　1

20x1年		摘　要	借　方	貸　方	借貸	残　高

北 上 商 店　　2

20x1年		摘　要	借　方	貸　方	借貸	残　高
3	1	前月繰越		40,000	貸	40,000

商 品 有 高 帳

（先入先出法）　　A　品　　単位；個

20x1年		適　要	受入			引渡			残高		
			数量	単価	金　額	数量	単価	金　額	数量	単価	金　額
3	1	前 月 繰 越	30	490	14,700				30	490	14,700

補１－２　株式会社福岡商店（決算年１回３月31日）は、現金の実際残高を確認するため、決算日に金庫を実査したところ、次のものが保管されていた。そこで、次の問に仕訳で答えなさい。

【金庫の中に保管されていたもの】

紙幣	￥ 100,000	硬貨	￥　5,000
送金小切手	40,000	他店振出しの小切手	38,000
自店振出しの小切手	15,000	他店振出しの約束手形	114,000
郵便切手	18,000	収入印紙	42,000
A社からの配当金領収書	3,000	国債（取得価額）	973,000

国債の利札（期日がすでに到来したもの）　￥ 16,000

国債の利札（期日がまだ到来していないもの）　￥104,000

(1) 国債の利札に関して、適切な処理を行う。

(2) 上記国債の利札を含めた現金出納帳の残高欄は￥224,000であった。実際残高との差額を適切な勘定に振り替える。なお、この金庫のほかには現金は一切ない。

(3) 上記(2)の差額について原因を調査したところ、広告宣伝費¥19,000の支払いの記帳がもれていることが判明した。残額は原因不明のため、雑損または雑益に振り替える。

	借方科目	金額	貸方科目	金額
(1)				
(2)				
(3)				

補1－3 資料によって、次の各勘定について（　　　　）内に必要な記入を行いなさい。
ただし、当期中の仕入に関する取引および売上に関する取引は、便宜上、資料によって一括して記入する。なお、売上原価は仕入勘定で計算する。

≪資料≫

1．期首商品棚卸高　¥560,000　　2．総仕入高　¥6,230,000
3．仕入返品高　¥140,000　　4．総売上高　¥8,316,000
5．売上返品高　¥ 60,000　　6．期末商品棚卸高　¥ 763,000

繰越商品

1/1	前期繰越	(　　　)	12/31	(　　　)	(　　　)
12/31	(　　　)	(　　　)	〃	(　　　)	(　　　)
		(　　　)			(　　　)

売　上

	売上返品高	(　　　)		総売上高	(　　　)
12/31	(　　　)	(　　　)			
		(　　　)			(　　　)

仕　入

	総仕入高	(　　　)		仕入返品高	(　　　)
12/31	(　　　)	(　　　)	12/31	(　　　)	(　　　)
			〃	(　　　)	(　　　)
		(　　　)			(　　　)

損　益

12/31	(　　　)	(　　　)	12/31	(　　　)	(　　　)

第14章　その他の債権・債務

14－1　次の取引の仕訳を、福岡商店・大分商店の両方について示しなさい（貸付金・借入金）。

(1) 福岡商店は大分商店に対して現金￥5,000,000を期間６ヵ月、利率年4.5%で貸し付けた。

(2) 福岡商店は満期日に大分商店から貸付金を利息とともに、同店振出しの小切手で返済を受けた。

		借方科目	金額	貸方科目	金額
(1)	福岡商店				
	大分商店				
(2)	福岡商店				
	大分商店				

14－2　次の取引の仕訳を示しなさい。

(1) 当社は、山口株式会社に対して借用証書により、￥1,000,000を期間８ヵ月、年利4.2%で貸付け、利息を差し引いた残高を、小切手を振り出して渡した。

(2) 当社の専務取締役に資金を貸し付ける目的で￥1,500,000の小切手を振り出した。ただし、その重要性を考慮して貸付金勘定ではなく、役員貸付けであることを明示する勘定を用いることとした。なお、貸付期間は３ヵ月、利率は年３%で利息は元金とともに受け取る条件となっている。

	借方科目	金額	貸方科目	金額
(1)				
(2)				

14－3　次の取引の仕訳を、売り手と買い手の両方について示しなさい。（未払金・未収入金）

(1) 山口商会は自動車販売業（ディーラー）の広島商会より、商品運送用のトラック１台を￥1,500,000で購入し、代金のうち￥700,000は現金で支払い、残額は月末払いとした。

(2) 月末になって、山口商会は上記(1)の残額￥800,000について、小切手を振り出して支払った。

(3) 佐賀商事は不要になったコピー機1台（帳簿価額￥80,000）を￥80,000で長崎商会（コピー機販売会社）に売却し、代金は翌月末に受け取ることにした。

(4) 翌月末になって、佐賀商事は上記(3)の代金を長崎商会振り出しの小切手で受け取った。

		借方科目	金額	貸方科目	金額
(1)	広島商会				
	山口商会				
(2)	広島商会				
	山口商会				
(3)	佐賀商事				
	長崎商会				
(4)	佐賀商事				
	長崎商会				

14－4　次の取引を仕訳し、福岡商店と佐賀商店の両方について示しなさい。(前払金・前受金)

(1) 福岡商店は、2ヵ月後に佐賀商店から商品￥300,000を購入する約束をし、内金として現金￥50,000を支払った。

(2) 福岡商店は佐賀商店から上記￥300,000の商品を仕入れ、内金との差額は現金で支払った。なお、引取運賃￥5,000は、現金で箱崎運送店へ支払った。

		借方科目	金額	貸方科目	金額
福岡商店	(1)				
	(2)				
佐賀商店	(1)				
	(2)				

14－5　次の取引を仕訳しなさい。(従業員貸付金・従業員立替金・預り金等)

(1) 従業員に給料の前貸しとして現金￥70,000を渡した。

(2) 従業員へ給料総額￥1,850,000のうち所得税の源泉徴収分￥110,000と立て替えてあった￥50,000を差し引き、手取金を現金で支給した。

(3) 今月分の給料￥1,200,000を所得税の源泉徴収分￥88,000および健康保険・厚生年金・雇用保険の保険料合計￥115,200を控除し、各従業員の普通預金口座に、小切手を振り出して支給した。なお、預り金は、その目的がわかる勘定科目の名称を使用している。

(4) 所得税の源泉徴収分￥110,000を税務署に現金で納付した。

(5) 6月2日、本年度の雇用保険料￥54,000を一括して現金で納付した。そのうち従業員負担分は、￥18,000であり、残額は会社負担分である。従業員負担分については、4月から5月までの２ヵ月分は、給料から毎月付き額相当額を差引いて支給しているが、６月以降の10ヵ月分については、いったん会社が立て替えて支払い、その後の毎月の給料から清算することとしている。

(6) 山口商店へ商品￥75,000を売り渡し、代金は同店振出の小切手で受け取った。なお、先方負担の発送運賃￥5,500を現金で立替払いした。

	借方科目	金額	貸方科目	金額
(1)				
(2)				
(3)				
(4)				
(5)				
(6)				

14－6　次の一連の取引を仕訳しなさい。（仮払金・仮受金）

(1) 従業員Ａの出張にあたり、旅費の概算額￥140,000を現金で前渡しした。

(2) 出張中の従業員Ａから￥800,000が当社の当座預金口座に振り込まれたが、その内容は不明である。

(3) 従業員Ａが出張から帰り、上記の振込額の内訳は、売掛金の回収￥350,000、商品注文の手付金￥250,000、貸付金の回収￥200,000であることが判明した。

(4) 旅費の精算を行い、不足金額￥3,000を従業員Ａの口座へ普通預金口座から振り込んだ。

(5) 従業員Ｂが帰社し，下記の領収書とともに，概算額で渡していた￥30,000の残金￥1,200を現金で受け取った。

No.1278
20x1年８月21日

領　　収　　書

福岡物産株式会社　様

￥２８，８００※

但し、旅客運賃として
上記金額を正に領収いたしました。

佐賀旅客鉄道株式会社（公印省略）
福岡駅発行　取扱者（捺印省略）

	借方科目	金額	貸方科目	金額
(1)				
(2)				
(3)				
(4)				
(5)				

14－7　次の取引の仕訳をしなさい。（受取商品券・差入保証金）

(1) 商品￥250,000を販売し、代金のうち￥180,000は信販会社が発行している商品券で受取り、残額は現金で受け取った。

(2) 事務用のパソコン￥120,000を購入し、代金のうち￥70,000については、すでに受け取っていた商品券を引き渡し、残額は今月末に銀行振り込みにて支払うこととした。

(3) 店舗を出店するにあたり、ビルの1階部分を1ヵ月あたり￥120,000で賃貸する契約を結んだ。契約にあたり、敷金（家賃の2ヵ月分）および不動産業者に対する仲介手数料（家賃の1ヵ月分）を、小切手を振り出して支払った。

(4) 商品￥62,500を売り上げ、代金は他店振り出しの商品券￥70,000で受け取り、釣銭は現金で支払った。

	借方科目	金額	貸方科目	金額
(1)				
(2)				
(3)				
(4)				

第15章　手形の処理

15－1　次の取引の仕訳を示しなさい。

(1) ㈱下関販売に商品¥450,000を売り上げ、代金は同店振り出しの約束手形を受け取った。

(2) 小倉商会㈱から商品¥300,000を仕入れ、代金は約束手形を振り出して支払った。

(3) (1)の約束手形の満期日が到来し、当座預金に入金された。

(4) (2)の約束手形¥300,000の満期日が到来し、当座預金より支払った。

(5) 大阪商店から売掛金の回収として、名古屋商店振り出し、大阪商店宛約束手形¥150,000と当店振り出し、神戸商店宛約束手形¥70,000を受け取った。

	借方科目	金額	貸方科目	金額
(1)				
(2)				
(3)				
(4)				
(5)				

15－2　次の取引を支払手形記入帳に記入しなさい。なお当店は、N銀行に当座預金口座をもっている。

8月1日　当店は、仕入先A商店へ買掛金¥60,000を支払うため約束手形を振り出した。
満期日：10月31日、手形番号：＃9、支払場所：N銀行

9月1日　当店は、仕入先C商店から商品¥600,000を仕入れ、C商店を受取人とする約束手形¥600,000を振り出した。
満期日：11月30日、手形番号：#10、支払場所：N銀行

10月31日　上記約束手形が満期日になり、N銀行より決済した旨、連絡を受けた。

11月30日　上記約束手形が満期日になり、N銀行より決済した旨、連絡を受けた。

支払手形記入帳

20x1年		摘要	金額	手形種類	手形番号	受取人	振出人または裏書人	振出日		満期日		支払場所	てん末		
								月	日	月	日		月	日	摘要

15－3　次の取引を受取手形記入帳に記入しなさい。

6月1日　得意先D商店より売掛金¥60,000を同店振り出しの約束手形で受け取った。
満期日：8月31日、手形番号：＃7、支払場所：S銀行

7月15日　E商店に商品¥245,000を売り上げ、代金は次の約束手形で受け取った。

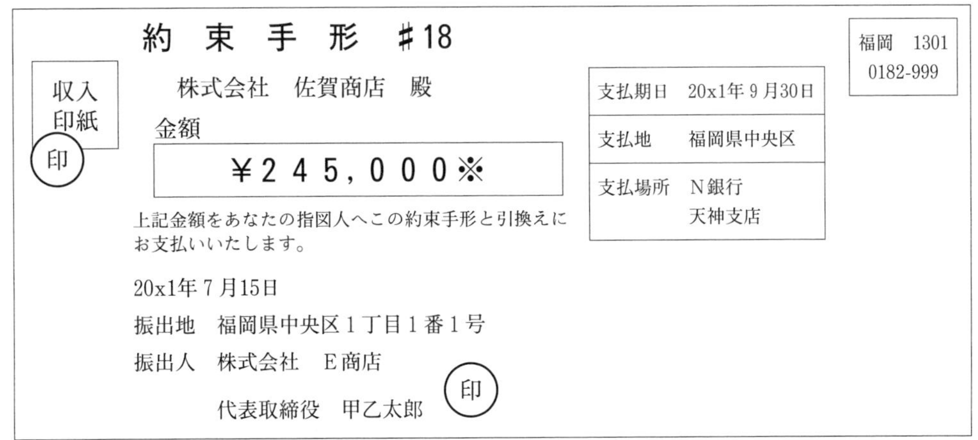

約　束　手　形　＃18

収入印紙　印

株式会社　佐賀商店　殿

金額

¥245,000※

上記金額をあなたの指図人へこの約束手形と引換えにお支払いいたします。

20x1年7月15日

振出地　福岡県中央区1丁目1番1号

振出人　株式会社　E商店

代表取締役　甲乙太郎　印

支払期日　20x1年9月30日

支払地　福岡県中央区

支払場所　N銀行　天神支店

福岡　1301
0182-999

8月31日　＃7の約束手形を取引銀行にて取立を依頼していたところ、満期日となったので当社の当座預金に入金された旨の通知があった。

受　取　手　形　記　入　帳

20x1年		摘要	金額	手形種類	手形番号	支払人	振出人または裏書人	振出日		満期日		支払場所	てん末		
								月	日	月	日		月	日	摘要

15－4　次の取引の仕訳を示しなさい。

(1) 広島商店に対する売掛金¥100,000について、同店の承諾後、発生記録により、電子記録債権が発生した。

(2) 日向商店に対する買掛金¥230,000について、同店の承諾後、発生記録により、電子記録債権に係る債務が発生した。

(3) 延岡商店の売掛金に対して発生した電子記録債権¥56,000が決済され当座預金に入金された。

(4) 折尾商店の買掛金に対して発生していた電子記録債権に係る債務¥140,000が決済され当座預金から引き落とされた。

(5) 譲渡記録により、電子記録債権¥140,000を現金¥132,000と引換えて譲渡した。

(6) 譲渡記録により、電子記録債権を赤間商店の買掛金¥86,000と引換えて譲渡した。

	借方科目	金額	貸方科目	金額
(1)				
(2)				
(3)				
(4)				
(5)				
(6)				

15－5　次の取引の仕訳を示しなさい。

(1) 兵庫商店に約束手形にて、現金で¥250,000を貸し付けた。

(2) 岡山商店に¥500,000を貸し付け、同店から約束手形を受け取り、利息¥20,000を差引いた残額¥480,000を、小切手を振り出して渡した。

(3) 岡山商店に約束手形で貸し付けていた¥500,000が満期になったので、当座預金に振り込まれた。

(4) 大阪商店から利息を含めた約束手形¥306,000を振り出して借り入れ、現金¥300,000を受け取った。

(5) 大阪商店から借り入れた際に振り出していた約束手形¥306,000が満期となったので、同店の口座に、普通預金から引き落とされた。

	借方科目	金額	貸方科目	金額
(1)				
(2)				
(3)				
(4)				
(5)				

第16章　有価証券

16－1　次の取引の仕訳を示しなさい。

(1) 愛媛商事株式会社の株式10株を売買目的で、１株につき¥60,000で買い入れ、代金は小切手を振り出して支払った。

(2) １株¥60,000で購入した愛媛商事株式会社の株式10株を１株につき¥55,000で売却し、代金は小切手で受け取った。

(3) 福岡商店は額面総額¥2,000,000の公債を、額面¥100につき@¥97で買い入れ、代金は小切手を振り出して支払った。

(4) 額面¥100につき@¥97で購入していた額面総額¥2,000,0000の公債のうち額面¥1,000,000を@¥99で売却し、代金は現金で受け取った。

(5) 安部山公園工業株式会社の株式80株を１株につき¥55,000で、売買目的で買い入れ、代金は小切手を振り出して支払った。

(6) 下曽根物産株式会社の株式30株を売買目的で１株につき¥70,000で買い入れ、代金は買入手数料¥20,000とともに小切手を振り出して支払った。

(7) 宮崎商店株式会社の株式10株（１株の帳簿価額¥65,000）を１株につき¥78,000で売却し、代金は現金で受け取った。

(8) 売買目的で買い入れていた苅田商事株式会社の株式100株（１株の帳簿価額¥80,000）のうち20株を１株につき¥75,000で行橋商店に売却し、代金は小切手で受け取り、ただちに当座預金に預け入れた。

	借方科目	金　額	貸方科目	金　額
(1)				
(2)				
(3)				
(4)				
(5)				
(6)				
(7)				
(8)				

第17章　固定資産と減価償却の処理

17－1　次の取引の仕訳を示しなさい。

(1) 販売店舗用の土地200㎡を１㎡当たり¥30,000で購入し、整地費用¥400,000、登記料¥20,000および仲介手数料¥40,000とともに、代金は小切手を振り出して支払った。

(2) 営業用の建物¥6,500,000を購入し、小切手を振り出して支払った。なお、不動産業者への手数料¥145,000と登記料¥90,000は現金で支払った。

(3) 事務用の計算機10台を購入し、その代金¥750,000のうち半額は小切手を振り出して支払い、残額は月末に支払う約束である。なお、引取運賃¥9,000は現金で支払った。

(4) 営業用の建物を¥7,300,000で買い入れ、代金は仲介手数料¥185,000とともに月末支払うことにした。

(5) 店舗の陳列棚を購入し、その代金¥450,000は小切手を振り出して支払い、引取運賃¥25,000と運送保険料¥8,000は現金で支払った。

(6) 営業用乗用車１台を購入し、代金¥1,500,000は小切手を振り出して支払った。

(7) 事務所用の机・いすを¥115,000で購入し、代金は小切手を振り出して支払った。なお、引取運賃¥5,200は現金で支払った。

(8) 営業用の倉庫を¥8,800,000で購入し、代金は小切手を振り出して支払った。なお、登記料¥48,000と仲介手数料¥35,000は現金で払った。

	借方科目	金額	貸方科目	金額
(1)				
(2)				
(3)				
(4)				
(5)				
(6)				
(7)				
(8)				

17－2　次の連続した取引について、仕訳を示し、各勘定に記入しなさい。なお、減価償却費の計算は定額法で、減価償却費の記帳は間接法によっている。

20x4年　4月1日　備品¥400,000（残存価額10%　耐用年数8年）を購入し、代金は小切手を振り出して支払った。

20x5年　3月31日　上記の備品について減価償却費を計上した。

20x6年　3月31日　上記の備品について減価償却費を計上した。

　　　　4月1日　上記の備品を¥280,000で売却し、代金は月末に受け取ることにした。

備　品

備品減価償却累計額

減価償却費

固定資産売却損

17－3　次の資料に基づき、固定資産台帳を完成させなさい。ただし、当社の減価償却の計算方法は、残存価額をゼロとして定額法で行っており、減価償却費は月割計算によって計上している。なお、当社の決算日は、毎年3月31日である。

［資料］

1．備品A　取得年月日：2x01年4月1日　購入価額：¥300,000　数量：2
　　　　　耐用年数：6年

2．備品B　取得年月日：2x03年10月1日　購入価額：¥420,000　数量：1
　　　　　耐用年数：5年

3．備品C　取得年月日：2x05年8月1日　購入価額：¥320,000　数量：3
　　　　　耐用年数：8年

固定資産台帳　　2x06年3月31日現在

取得年月日	用途	期末数量	耐用年数	期首(期中取得)取得原価	期首減価償却累計額	差引期首（期中取得）帳簿価額	当期減価償却費
備品							
	備品A		年				
	備品B		年				
	備品C		年				
小計							

17－4　次の取引の仕訳を示しなさい。

(1) 取得原価￥500,000、減価償却累計額￥250,000の備品を￥300,000で売却し、代金のうち￥100,000は小切手で受取り、残りは月末に受取ることにした。

(2) 買い替えのためこれまで使用してきた備品（取得原価￥300,000　減価償却累計額￥180,000）を￥100,000で売却し、代金は月末に受け取る約束をした。

(3) 2x18年1月1日に、取得原価￥1,200,000の建物を￥600,000で売却し、代金は後日受け取ることとした。ただし、この建物は、2x03年1月1日に購入し、残存価額10%　耐用年数25年で減価償却費を定額法で計算し、間接法で記帳してきている。なお、決算日は12月31日である。

(4) 2x01年4月1日に購入した￥500,000の備品を2x08年6月30日に売却し、代金￥80,000は後日受け取ることとした。ただし、この備品は残存価額0％　耐用年数10年で減価償却を計算し、間接法で記帳している。なお、決算日は3月31日であり、減価償却の計算は月割りとすること。

(5) 経営合理化のため、土地の一部を6,000,000円で売り渡し、代金は月末に受け取る。なお、不動産会社に手数料として、売上の5％を現金で支払う。 但し、当土地の帳簿価額は、5,000,000円である。

	借方科目	金　額	貸方科目	金　額
(1)				
(2)				
(3)				
(4)				
(5)				

第18章　税金の処理

18－1　次の取引の仕訳を示しなさい。

(1) 税務署より固定資産税￥32,000の納付書が送られてきたので、小切手を振り出して納付した。

(2) 切手￥10,890、収入印紙￥11,800を購入し、代金は現金で支払った。

(3) 中間申告により、法人税等￥230,000（法人税￥150,000、住民税￥50,000、事業税￥30,000）を現金で納付した。

(4) 当期分の納税額が、法人税￥320,000、住民税￥100,000、事業税￥60,000と確定した。ただし、中間申告により￥220,000が納付済みである。

(5) 法人税等の納付額￥123,000が当社の普通預金から引き落とされた。なお、法人税等は、確定したときに未払法人税等で処理している。

(6) 従業員の所得税￥70,000と、確定した法人税等￥120,000を現金で納付した。

(7) 以下の納付書に基づき、当社の普通預金口座から振り込んだ。

納付書兼領収済通知書

科目：法人税

本税	450,000	納税等の区分 300441 310023
○○税		中間申告　（確定申告）
××税		
◎◎税		出納印 32.5.30 平成銀行
□□税		
合計額	450,000	

住所：福岡県城南区
氏名：株式会社福岡商事

	借方科目	金額	貸方科目	金額
(1)				
(2)				
(3)				
(4)				
(5)				
(6)				
(7)				

18－2　次の仕訳を示しなさい。なお、消費税の処理は税抜方式によること。

(1) 商品￥220,000（税込み、消費税率10%）を仕入れ、代金は小切手で支払った。

(2) 商品￥325,000（税抜き）の商品を売り上げ、代金は消費税（税率10%）とともに現金で受け取った。

(3) 店舗における一日分の売上の仕訳を行うにあたり、集計結果は次のとおりであった、また、合計額のうち￥9,250はクレジットカード、残りは現金による決済であった。

売上集計表

2018年5月8日

品　　名	数　量	単　価	金　額
お得カレー	50	120	￥ 6,000
具だくさんカレー	30	250	￥ 7,500
高級カレー	10	400	￥ 4,000
		消費税	￥ 1,750
		合　計	￥19,250

(4) 決算において、仮払消費税及び仮受消費税の勘定残高は、以下のとおりであった。

仮払消費税　￥24,000　　仮受消費税　￥32,000

	借方科目	金　額	貸方科目	金　額
(1)				
(2)				
(3)				
(4)				

第19章　資本金の処理

19－1　次の取引の仕訳を示しなさい。

(1) 現金￥5,000,000を出資し、法務局に登記申請を行い、会社を設立した。

(2) 定款の認証を受け、現金￥3,000,000を普通預金口座に振り込むとともに、法務局にて登記申請を行った。

(3) 会社の設立にあたり、株式100株を1株当たり￥10,000で発行し、払込金額は全額を普通預金とした。なお払込金額は全額を資本金として処理するものとする。

(4) 事業拡張のため、新たに株式50株を1株当たり￥15,000で発行し、払込金は全額当座預金とした。なお、払込金額は、全額を資本金として処理する。

(5) 決算の結果、当期の純利益￥800,000と確定したので、繰越利益剰余金勘定に振り替えた。

(6) 株主総会で繰越利益剰余金￥1,200,000を次のとおり処分することが承認された。

　　株主配当金：￥180,000

　　利益準備金の積立：￥18,000

(7) 決算の結果、当期純損失￥146,000を計上した。ただし、繰越利益剰余金勘定残高が￥678,000ある。

(8) 6月の株主総会にあたり、配当金￥150,000、利益準備金￥15,000の繰越利益剰余金の処分が行われた。

(9) 株主総会で承認された配当金￥23,000を、当座預金より口座振込みにより支払った。

	借方科目	金額	貸方科目	金額
(1)				
(2)				
(3)				
(4)				
(5)				
(6)				
(7)				
(8)				
(9)				

19－2　次の資料から、株式会社広島商会（決算年１回、３月31日）の損益勘定、資本金勘定、繰越利益剰余金勘定の(a)～(f)に当てはまる適切な語句と(ｱ)～(ｶ)に当てはまる金額を記入しなさい。なお、当期は20x1年４月１日から20x2年３月31日までである。

［資料］

1．純売上高：¥6,320,000

2．決算整理前仕入勘定残高：借方¥4,740,000

3．期首商品棚卸高：¥480,000

4．期末商品棚卸高：¥520,000

5．売上原価は仕入勘定で算定する。

損　　益

3/31	（　a　）	（　ア　）	3/31	（　b　）	（　イ　）
〃	給　　料	1,200,000	〃	受取手数料	200,000
〃	貸倒引当金繰入	15,000			
〃	減価償却費	75,000			
〃	水道光熱費	112,000			
〃	（　c　）	（　ウ　）			
		（　　）			（　　）

資　本　金

3/31	（　d　）	（　エ　）	4/1	前期繰越	3,500,000

繰越利益剰余金

6/30	未払配当金	210,000	4/1	前期繰越	426,000
3/31	（　e　）	（　オ　）	3/31	（　f　）	（　カ　）
		（　　）			（　　）

a		ア		b		イ	
c		ウ		d		エ	
e		オ		f		カ	

第20章　試算表の作成

20－1　次の資料(1)および(2)に基づいて、20x1年10月31日における合計残高試算表を作成しなさい。なお、当社は、￥1,000,000を限度とする当座借越契約を銀行と結んでいる。

(1) 20x1年9月30日の合計試算表

合計試算表
20x1年9月30日

借　方	勘定科目	貸　方
640,000	現金	195,000
400,000	普通預金	125,000
908,000	当座預金	536,000
885,000	受取手形	450,000
750,000	売掛金	410,000
279,000	クレジット売掛金	54,000
280,000	繰越商品	
442,000	貸付金	40,000
700,000	備品	
780,000	支払手形	970,000
458,000	買掛金	657,000
200,000	借入金	420,000
	貸倒引当金	8,000
	備品減価償却累計額	225,000
	資本金	2,000,000
	繰越利益剰余金	200,000
62,000	売上	2,986,000
	受取利息	12,000
1,786,000	仕入	21,000
689,000	給料	
45,000	支払保険料	
5,000	支払利息	
9,309,000		9,309,000

(2) 20x1年10月中の取引

1．商品仕入高
　(1) 小切手振り出しによる仕入高　￥18,000
　(2) 約束手形振り出しによる仕入高￥98,000
　(3) 掛仕入高　￥367,000
2．商品売上高
　(1) 現金売上高　￥410,000
　(2) 手形（当店を受取人とする手形）の受領による売上高　￥290,000
　(3) 掛売上高　￥230,000
　(4) クレジットによる売上高　￥127,000
3．手形の決済取引
　(1) 期日の到来した手形債務￥170,000の支払い（当座預金口座からの引き落とし）
　(2) 手形代金の受取り　￥180,000（普通預金に入金）
4．買掛金の決済額
　(1) 現金による返済　￥130,000
　(2) 小切手振出しによる支払い　￥169,000
5．売掛金の決済額
　(1) 当座預金口座への振込み　￥150,000
　(2) 得意先振出しの手形の受け取り　￥80,000
6．商品にかかわる手付金の授受
　(1) 手付金の支払額（小切手払い）　￥130,000
　(2) 内容不明での受取り金額の確定　￥75,000
7．備品￥166,000の購入、月末払い
8．未払金の決済　￥166,000の支払い（小切手振出し）
9．貸付代金の回収　￥70,000　利息￥1,400（共に現金で受け取り）
10．借入金の返済　￥200,000　利息￥6,000（当座預金から引き落とし）
11．内容不明の当座預金入金　￥75,000
12．旅費概算額　￥60,000について
　(1) 出張前従業員に現金渡し
　(2) 出張後精算　現金受取り　￥3,500
13．不用雑誌の販売　現金受取り　￥5,000
14．給料の支払い 現金支給　￥170,000

合計残高試算表

20x1年10月31日

借方		勘定科目	貸方	
残高	合計		合計	残高
		現金		
		普通預金		
		当座預金		
		受取手形		
		売掛金		
		クレジット売掛金		
		繰越商品		
		仮払金		
		前払金		
		貸付金		
		備品		
		支払手形		
		買掛金		
		仮受金		
		前受金		
		未払金		
		借入金		
		貸倒引当金		
		備品減価償却累計額		
		資本金		
		繰越利益剰余金		
		売上		
		受取利息		
		雑益		
		仕入		
		給料		
		旅費交通費		
		支払保険料		
		支払利息		

20－2　次の合計試算表(A)と諸取引(B)に基づいて、月末の合計残高試算表と、売掛金および買掛金の各明細表を作成しなさい。なお,売上と仕入はすべて掛けで行っている。

（A）20x1年8月25日現在の合計試算表

合計試算表

20x1年8月25日

借方	勘定科目	貸方
870,000	現金	600,000
570,000	当座預金吹田銀行	200,000
630,000	当座預金淀銀行	303,000
890,000	受取手形	480,000
790,000	売掛金	553,000
420,000	電子記録債権	267,000
400,000	繰越商品	
160,000	備品	
200,000	支払手形	530,000
450,000	買掛金	600,000
250,000	電子記録債務	470,000
	借入金	260,000
	資本金	1,000,000
	繰越利益剰余金	140,000
	売上	1,220,000
840,000	仕入	
120,000	給料	
30,000	支払家賃	
3,000	支払利息	
6,623,000		6,623,000

（B）20x1年8月26日から31日までの取引

26日　売上：神戸商店　￥110,000　　仕入：秋田商店　￥140,000

買掛金の支払い：青森商店￥50,000に対して当座預金吹田銀行口座から支払った。

借入金の返済：￥100,000を利息￥3,000とともに当座預金吹田銀行口座から支払った。

27日　売上：大阪商店￥120,000

給料の支払い：￥120,000（所得税の源泉徴収額￥6,000差引額）を当座預金淀銀行口座から従業員の口座に振り替えた。

28日　仕入:青森商店￥40,000　　秋田商店￥70,000

売掛金の回収：大阪商店（￥150,000)、神戸商店（￥80,000）より約束手形を受取る。

電子記録債権：大阪商店に対する売掛金￥100,000について、同店の承諾後、電子記録債権を発生させた。

手形代金の回収：￥200,000が当座預金吹田銀行口座に振込まれた。

29日　買掛金の支払い：秋田商店（￥150,000）へ約束手形を振出して支払った。

手形代金の支払い：¥100,000を当座預金吹田銀行口座より支払った。

電子記録債務：青森商店に対する買掛金¥50,000について、同店の承諾後、電子記録債務を発生させた。

経費支払い：水道光熱費¥32,000が当座預金淀銀行口座から引き落としされた。

電子記録債権：回収として、¥150,000が当座預金吹田銀行口座に入金された。

30日　休日のため休業

31日　売上：大阪商店¥50,000 神戸商店¥40,000　仕入：青森商店¥30,000

経費支払い：家賃¥30,000　借入金に対する利息¥3,000が当座預金淀銀行口座から引き落としされた。

電子記録債務：支払いのため¥200,000が当座預金吹田銀行から引き落としされた。

合計残高試算表

20x1年8月31日

借方残高	借方合計	勘定科目	貸方合計	貸方残高
		現金		
		当座預金吹田銀行		
		当座預金淀銀行		
		受取手形		
		売掛金		
		電子記録債権		
		繰越商品		
		備品		
		支払手形		
		買掛金		
		電子記録債務		
		所得税預り金		
		借入金		
		資本金		
		繰越利益剰余金		
		売上		
		仕入		
		給料		
		水道光熱費		
		支払家賃		
		支払利息		

売掛金明細表

	8/25現在	8/31現在
大阪商店	142,000	
神戸商店	95,000	
	237,000	

買掛金明細表

	8/25現在	8/31現在
青森商店	85,000	
秋田商店	65,000	
	150,000	

補章２　補充問題(2)

補２－１　次の資料に基づいて、次に示す備品、備品減価償却累計額、固定資産売却損の各勘定を完成させなさい。

［資料］

固　定　資　産　台　帳

2x08年3月31日現在

取得年月日	用途	期末数量	耐用年数	期　首取得原価	期首減価償却累計額	当期減価償却費	備　考
備品							
2x05年4月1日	備品A	1	6年	336,000	112,000	42,000	07年12月22日に￥180,000で売却
2x06年11月1日	備品B	1	5年	192,000	16,000	38,400	
2x07年6月18日	備品C	1	8年	576,000	0	60,000	
小　計				1,104,000	128,000	98,400	

備　品

日付	摘要	金額	日付	摘要	金額
07/4/1	前期繰越	(　　　)	07/12/22	諸口	(　　　)
07/6/18	当座預金	(　　　)	08/3/31	次期繰越	(　　　)
		(　　　)			(　　　)

備品減価償却累計額

日付	摘要	金額	日付	摘要	金額
07/12/22	備品	(　　　)	07/4/1	前期繰越	(　　　)
08/3/31	次期繰越	(　　　)	08/3/31	減価償却費	(　　　)
		(　　　)			(　　　)

減価償却費

日付	摘要	金額	日付	摘要	金額
07/12/22	備品	(　　　)	08/3/31	損益	(　　　)
08/3/31	備品減価償却累計額	(　　　)			
					(　　　)

固定資産売却損

日付	摘要	金額	日付	摘要	金額
07/12/22	備品	(　　　)	08/3/31	損益	(　　　)

補2－2　次の受取手形記入帳と支払手形記入帳を資料として仕訳を推定しなさい。

［資料］

受　取　手　形　記　入　帳

20x1年		摘　要	金　額	手形種類	手形番号	支払人	振出人または裏書人	振出日		満期日		支払場所	てん末		
								月	日	月	日		月	日	摘　要
4	5	売　上	150,000	約手	24	福岡商店	福岡商店	4	5	7	31	第五銀行	7	31	当座振込
7	20	売掛金	250,000	約手	45	愛媛商店	愛媛商店	7	20	10	20	第六銀行			

支　払　手　形　記　入　帳

20x1年		摘　要	金　額	手形種類	手形番号	受取人	振出人または裏書人	振出日		満期日		支払場所	てん末		
								月	日	月	日		月	日	摘　要
4	30	仕　入	120,000	約手	16	長崎商店	当　店	4	30	7	30	第二銀行	7	30	当座引落
7	15	買掛金	420,000	約手	17	熊本商店	当　店	7	15	10	15	第二銀行			

	借　方　科　目	金　　額	貸　方　科　目	金　　額
7/15				
7/20				
7/30				
7/31				

補2－3　次の帳票に基づき，仕訳を示しなさい。

(1) 出張から戻った従業員から次の領収書および報告書が提出されるとともに、かねて概算払いしていた￥30,000との差額を現金で受け取った。なお、１回￥3,000以下の電車賃は従業員からの領収書の提出を不要としている。

領収書
運賃￥15,900
上記の金額を領収しました。
九州鉄道株式会社

領収書
運賃￥3,700
上記のとおり領収しました。
鹿児島観光交通㈱

領収書
宿泊　シングル１名 ￥8,600
またのご利用をお待ちしております。　鹿児島ホテル

旅費交通費等報告書

移動先	手段等	領収書	金額
鹿児島中央駅	電車往復	有	15,900
鹿児島商店	タクシー	有	3,700
宿泊先	市電	無	170
鹿児島ホテル	宿泊	有	8,600
鹿児島中央駅	市電	無	170
	合計		￥28,540

山田太郎㊞

(2) 事務所の賃貸契約を行い、下記の振込依頼書どおりに当社普通預金口座から振込み、賃貸を開始した。仲介手数料は費用として処理すること。

振 込 依 頼 書

株式会社福岡商事　御中

株式会社　九州不動産

ご契約ありがとうございます。以下の金額を下記口座へ御振込みください。

内　　容		金額
仲介手数料		¥ 70,000
敷金		¥280,000
初月賃料		¥140,000
	合計	¥490,000

九州銀行福岡支店　当座　253342　カ）キュウシュウフドウサン

(3) 取引銀行のインターネットバンキングサービスから普通預金口座のWEB通帳（入出金明細）を参照したところ、次のとおりであった。そこで、各取引日において必要な仕訳を答えなさい。なお、熊本ドラッグ株式会社および株式会社宮崎商店はそれぞれ当社の商品の取引先であり、商品売買取引はすべて掛けとしている。

入 出 金 明 細

日付	内　　容	出金金額	入金金額	取引残高
8.15	振込　クマモトドラッグ　カ）	200,000		省　略
8.18	ＡＴＭ入金		230,000	
8.20	振込　カ）ミヤザキショウテン		456,500	
8.25	給与振込	842,000		
8.25	振込手数	1,000		

（注）８月20日の入金は、当店負担の振込手数料¥500が差引かれたものである。
８月25日の給与振込みは、所得税の源泉徴収額¥80,000を差引いた額である。

		借 方 科 目	金　額	貸 方 科 目	金　額
(1)					
(2)					
(3)	8/15				
	8/18				
	8/20				
	8/25				

補２－４　次の合計試算表(A)と諸取引(B)に基づいて,月末の合計残高試算表と、売掛金および買掛金の各明細表を作成しなさい。なお、売上と仕入はすべて掛けで行っており、消費税については考慮しない。

（A）20x5年５月25日現在の合計試算表

	借　方	貸　方
現　　　金	¥　486,000	¥　285,000
普通預金	700,000	320,000
当座預金	800,000	630,000
受取手形	600,000	350,000
売　掛　金	1,500,000	900,000
繰越商品	120,000	
備　　　品	300,000	
支払手形	250,000	400,000
買　掛　金	400,000	850,000
借　入　金		300,000
減価償却累計額		135,000
資　本　金		600,000
繰越利益剰余金		56,000
売　　　上		1,650,000
仕　　　入	1,000,000	80,000
給　　　料	260,000	
支払家賃	120,000	
支払利息	20,000	
	¥　6,556,000	¥　6,556,000

（B）20x5年５月26日から31日までの取引

26日イ．売上：札幌商店 ¥30,000
　　　　　　　仙台商店 ¥20,000
　　ロ．鳥取商店に対する買掛金¥100,000支払いのため同店宛の約束手形を振出した。
27日イ．仕入：金沢商店 ¥50,000
　　　　　　　下関商店 ¥40,000
　　ロ．札幌商店に対する売掛金¥120,000の回収として約束手形を受取った。
　　ハ．下関商店に振出していた約束手形¥70,000について小切手を振出して支払った。
28日イ．売上：前橋商店 ¥50,000
　　ロ．仕入：鳥取商店 ¥30,000
　　ハ．27日に金沢商店から仕入れた商品のうち¥20,000を不良品につき返品した。なお,代金は買掛金と相殺する。
　　二．金沢商店に対する買掛金¥60,000支払いのため小切手を振り出し、支払った。
29日 本日休業
30日イ．売上：仙台商店 ¥80,000
　　ロ．下関商店に対する買掛金¥30,000支払いのため約束手形を振り出した。
　　ハ．備品の一部（取得原価¥90,000 減価償却累計額¥45,000減価償却費¥5,000）を¥30,000で売却し、代金は現金で受取り、ただちに普通預金に預け入れた。
　　ニ．借入金のうち¥150,000を利息、¥6,000とともに普通預金より返済した。
31日イ．売上：札幌商店 ¥50,000
　　ロ．仕入：金沢商店 ¥20,000
　　ハ．前橋商店に対する売掛金¥125,000が当座預金に振込まれた。
　　ニ．札幌商店振出しの約束手形¥80,000が満期となり、当座預金に振込まれた。
　　ホ．本月分の従業員給料¥25,000を現金で支払った。
　　ヘ．本月分の家賃¥20,000を普通預金から振込んだ。

合 計 残 高 試 算 表

20x5年 5 月31日

借方残高	借方合計	勘定科目	貸方合計	貸方残高
		現 金		
		普 通 預 金		
		当 座 預 金		
		受 取 手 形		
		売 掛 金		
		繰 越 商 品		
		備 品		
		支 払 手 形		
		買 掛 金		
		借 入 金		
		減 価 償 却 累 計 額		
		資 本 金		
		繰 越 利 益 剰 余 金		
		売 上		
		仕 入		
		給 料		
		支 払 家 賃		
		支 払 利 息		
		減 価 償 却 費		
		固 定 資 産 売 却 損		

売掛金明細表

	5/25現在	5/31現在
札幌商店	150,000	
仙台商店	250,000	
前橋商店	200,000	
	600,000	

買掛金明細表

	5/25現在	5/31現在
金沢商店	100,000	
鳥取商店	200,000	
下関商店	150,000	
	450,000	

第21章　決算整理＜商品・減価償却・その他＞

21－1　次の決算日（3/31）における現金過不足に関する決算整理仕訳を示しなさい。

(1) 現金過不足勘定残高¥5,000（借方残高）について原因が判明しなかったため、雑損または雑益として処理することにした。

(2) 現金過不足勘定残高¥9,000（貸方残高）のうち¥5,200は、受取手数料の記入漏れであることが判明したが、残高は内容不明につき適切な科目を使用して処理した。

(3) 決算にあたって現金の実際有高を調べたところ、帳簿よりも¥8,000不足していたので調査したところ、¥4,800は水道光熱費の支払いの記入漏れであった。なお、残高は内容不明のため適切な科目を使用して処理する。

	借　方　科　目	金　　額	貸　方　科　目	金　　額
(1)				
(2)				
(3)				

21－2　次の取引の仕訳を示し、当座預金勘定と当座借越勘定に転記して締め切りなさい。なお、取引銀行とは借越限度額を¥1,000,000とする当座借越契約を結んでいる。ただし、各勘定には日付、相手科目、金額を記入すること。

3月31日　決算につき当座預金勘定の残高を当座借越勘定へ振り替えた。

4月1日　前期から繰越した当座借越勘定残高を当座預金勘定へ再振替を行った。

	借　方　科　目	金　　額	貸　方　科　目	金　　額
3/31				
4/1				

当　座　預　金

220,000	345,000

当　座　借　越

21－3　次の資料に基づいて決算整理仕訳を示し、元帳への転記を行い締め切りなさい。なお、当社は売上原価の計算を仕入勘定で行っており、期末商品棚卸高は¥60,000であった（決算日は３月31日）。

借方科目	金　額	貸方科目	金　額

繰　越　商　品

4/1 前期繰越	40,000		

仕　　入

諸　口	680,000		

21－4　期首商品棚卸高¥56,000、仕入高¥632,000、期末商品棚卸高¥68,000とするとき、売上原価を求めるのに必要な仕訳を示しなさい。ただし、当社は売上原価勘定を設けている。

借方科目	金　額	貸方科目	金　額

21－5　決算日（３/31）に下記の売掛金勘定の期末残高に対して、３％の貸倒れを見積もった。決算整理仕訳、損益勘定への振替仕訳を行い、元帳に転記しなさい（締め切る必要はない）。

	借方科目	金　額	貸方科目	金　額
決算整理				
振替仕訳				

売　掛　金

120,000	

貸倒引当金

	2,500

貸倒引当金繰入

損　　益

21－6　備品（事務机、取得原価¥60,000、耐用年数８年、残存価額はゼロ）の減価償却を定額法で行う。決算整理に必要な仕訳を示し、それぞれ勘定に転記しなさい（会計期間は１年　決算日３月31日）。

借方科目	金　額	貸方科目	金　額

備　　品

4/1 前期繰越	60,000		

備品減価償却累計額

		4/1 前期繰越	7,500

減価償却費

21－7　次の有形固定資産の資料にしたがって決算日（３月31日）における減価償却の決算整理仕訳を示しなさい。なお、当店は減価償却費の計算を定額法で、記帳は間接法で行っている。ただし、減価償却費は月割りで計算すること。

［資料］

建物：取得原価　¥3,000,000、耐用年数　30年、残存価額　取得原価の10％

備品：取得原価　¥320,000、耐用年数　８年、残存価額　ゼロ

（うち、¥120,000については、当期の11月１日に購入し使用を始めていた。）

借方科目	金　額	貸方科目	金　額

21－8　次の決算における仕訳を示しなさい。

(1) 法人税等が¥185,000と計算された。

(2) 法人税等が¥226,000と計算された。ただし、中間申告において¥112,000を納付済みである。

	借　方　科　目	金　額	貸　方　科　目	金　額
(1)				
(2)				

21－9　沖縄物産株式会社の次の総勘定元帳勘定残高と決算整理事項によって、決算に必要な仕訳を示し、貸借対照表と損益計算書を作成しなさい。なお、会計期間は1年、決算日は3月31日である。

元帳勘定残高

現　　　金	¥　86,000	現金過不足（借）	¥　12,000	普通預金	¥　283,000
当座預金（貸）	180,000	受取手形	226,000	売掛金	574,000
貸倒引当金	18,000	繰越商品	180,000	備　　品	288,000
備品減価償却累計額	15,000	支払手形	184,000	買掛金	478,000
資本金	500,000	繰越利益剰余金	38,000	売　　上	1,260,000
受取手数料	42,000	仕　　入	724,000	給　　料	250,000
支払家賃	56,000	通信費	24,000	雑　　費	12,000

決算整理事項

1．現金過不足は、収入印紙¥8,000と切手¥1,200を購入した際の記入漏れであり、残額は原因不明のため適切な科目で処理をする。

2．当座預金勘定の貸方残高全額を当座借越勘定に振り替える。なお、当社は取引銀行と¥800,000を限度とする当座借越契約を結んでいる。

3．売上債権に対して3％の貸し倒れを差額補充法で計上する。

4．期末商品棚卸高は、¥230,000であった。

5．備品について、残存価額ゼロ、耐用年数8年として定額法で減価償却を行う。

6．法人税等¥69,000を計上する。

	借方科目	金　額	貸方科目	金　額
1				
2				
3				
4				
5				
6				

貸借対照表

沖縄物産（株）　20x5年3月31日

資産		金額	負債および資本	金額
現金			支払手形	
普通預金			買掛金	
受取手形	（　）		当座繰越	
貸倒引当金	（　）		未払法人税等	
売掛金	（　）		資本金	
貸倒引当金	（　）		繰越利益剰余金	
商品				
備品	（　）			
減価償却累計額	（　）			

損益計算書

沖縄物産（株）　20x4年4月1日から20x5年3月31日まで

費用	金額	収益	金額
売上原価		売上高	
給料		受取手数料	
貸倒引当金繰入			
減価償却費			
支払家賃			
通信費			
租税公課			
雑費			
雑損			
法人税等			
当期純利益			

第22章　決算整理<収益・費用の前受け・前払いと未収・未払い>

22－1　次の取引について仕訳し、受取地代および前受地代の各勘定の記入をしなさい。

1／1　駐車場を賃貸し、向こう1年分の地代¥108,000を現金で受け取った。

3／31　決算日につき、9ヵ月分の前受地代¥81,000を繰り延べた。また、受取地代勘定の残高を損益勘定に振り替え、各勘定を締め切った。

4／1　前受地代¥81,000を受取地代に振り戻した。

	借方科目	金額	貸方科目	金額
1/1				
3/31				
4/1				

受取地代

前受地代

22－2　次の取引について仕訳し、支払保険料および前払保険料の各勘定の記入をしなさい。

11／1　営業用車両の保険料の向こう1年分¥96,000を現金で一括払いした。

3／31　決算日につき、7ヵ月分の前払保険料¥56,000を繰り延べた。また、支払保険料勘定の残高を損益勘定に振り替え、各勘定を締め切った。

4／1　前払保険料 ¥56,000を支払保険料に振り戻した。

	借方科目	金額	貸方科目	金額
11/1				
3/31				
4/1				

支払保険料

前払保険料

22－3　次の取引について仕訳し、受取利息および未収利息の各勘定の記入をしなさい。

3/31　決算日につき、2ヵ月分の未収利息¥4,000を計上した。また、受取利息勘定の残高を損益勘定に振り替え、各勘定を締め切った。

4/1　未収利息¥4,000を受取利息に振り戻した。

7/31　定期預金の6ヵ月分利息¥12,000を受け取った（当座振込み）。

	借方科目	金額	貸方科目	金額
3/31				
4/1				
7/31				

受取利息

		諸口	12,000

未収利息

22－4　次の取引について仕訳し、給料および未払給料の各勘定の記入をしなさい。

3/31　決算日につき、3月16日から31日分の未払給料¥50,000を計上した。また、給料勘定の残高を損益勘定に振り替え、各勘定を締め切った。

4/1　未払給料¥50,000を給料に振り戻した。

4/27　従業員に1月分の給料¥104,000を支払った（当座引落し）。

	借方科目	金額	貸方科目	金額
3/31				
4/1				
4/27				

給料

諸口	1,260,000		

未払給料

22－5　次の取引の仕訳を示し、貯蔵品勘定と消耗品費勘定に記入して締め切りなさい。ただし、各勘定には、日付・相手科目および金額を記入すること。

3月31日　決算にさいし，消耗品の未使用高¥ 68,000を貯蔵品勘定に振り替えた。

〃日　消耗品の消費高を損益勘定に振り替えた。

4月1日　前期から繰り越した消耗品について，再振替を行った。

	借方科目	金額	貸方科目	金額
3/31				
〃				
4/1				

貯蔵品

消耗品費

（買入高）　325,000	

22－6　仮払消費税勘定残高¥235,000と仮受消費税勘定残高¥328,000は次のとおりであったので、消費税（税抜方式）の処理を行った。ただし、決算日は3月31日である。

借方科目	金額	貸方科目	金額

仮払消費税

諸　　口　235,000	

仮受消費税

	諸　　口　328,000

未払消費税

22－7　次の20x2年3月31日現在の（A）決算整理前の総勘定元帳における各勘定残高と（B）期末整理事項に基づいて、損益計算書と貸借対照表を完成しなさい。なお、当会計期間は、20x1年4月1日から20x2年3月31日である。なお、貸借対照表における当期純損益は繰越利益剰余金と区別して表示する。

（A）決算整理前の各勘定残高

現　　　金	￥68,700	当座預金	￥96,000	売　掛　金	￥140,000
仮払消費税	25,600	繰越商品	55,000	建　　　物	150,000
備　　　品	50,000	土　　　地	200,000	買　掛　金	98,000
仮受消費税	54,800	借　入　金	186,000	貸倒引当金	1,000
建物減価償却累計額	37,800	備品減価償却累計額	10,000	資　本　金	200,000
繰越利益剰余金	39,000	売　　　上	685,000	受取地代	12,700
仕　　　入	345,000	給　　　料	110,000	宣伝広告費	12,000
保　険　料	18,000	消耗品費	8,200	水道光熱費	32,000
法定福利費	12,000	支払利息	1,800		

（B）期末整理事項

1．売掛金の期末残高に対して、2％の貸倒引当金を差額補充法により設定する。
2．商品の期末棚卸高は、￥48,000であった。
3．建物と備品につき定額法により減価償却費を計上する。建物は、残存価額は取得原価の10%、耐用年数25年、備品は、残存価額はゼロ、耐用年数は5年である。
4．保険料は全額当期の11月1日に向こう1年分を支払ったものである。前払い分を計上する。
5．受取地代の未収分が￥2,100あった。
6．法定福利費の未払い分￥1,300を計上する。
7．消耗品の期末棚卸高（未消費分）が￥2,200あったので，貯蔵品勘定に振り替える。
8．消費税（税抜方式）の処理を行う。
9．未払法人税等￥54,000を計上する。

決算整理仕訳

	借方科目	金　額	貸方科目	金　額
1				
2				
3				
4				
5				
6				
7				
8				
9				

損益計算書

佐賀商会（株）　　20x1年４月１日から20x2年３月31日まで

費　用	金　額	収　益	金　額
（　　　）		売上高	
給料		受取地代	
宣伝広告費			
（　　　）			
（　　　）			
保険料			
消耗品費			
水道光熱費			
法定福利費			
支払利息			
法人税等			
当期純（　　）			

貸借対照表

佐賀商会（株）　　20x2年３月31日

資　産	金　額	負債および資本	金　額
現金		買掛金	
当座預金		借入金	
売掛金（　　　）		（　　　）	
貸倒引当金（　　　）		（　　　）	
商品		（　　　）	
（　　　）		資本金	
（　　　）		繰越利益剰余金	
（　　　）		当期純（　　）	
建物（　　　）			
減価償却累計額（　　　）			
備品（　　　）			
減価償却累計額（　　　）			
土地			

第23章　総合問題＜精算表＞

23－1　(1)決算整理前残高試算表と(2)決算整理事項等に基づいて、決算整理仕訳を示し、精算表を完成しなさい。なお、会計期間は20x1年１月１日から平成20x1年12月31日までの１年間である。

1．現金過不足¥3,000のうち¥2,000は通信費の記入漏れであった。残額は不明のため適切に処理した。

2．得意先から商品の内金¥20,000を現金で受け取っていたが、これを売上として処理していたので、適切に修正する。

3．受取手形と売掛金の期末残高に対して２％の貸倒引当金を差額補充法により設定する。

4．期末商品棚卸高は¥203,000である。

5．建物と備品について定額法によって減価償却を行う。
　建物：残存価額　取得原価の10%、耐用年数30年
　備品：残存価額　ゼロ、耐用年数５年

6．消費税（税抜方式）の処理を行う。

7．宣伝広告費の前払額が¥15,000ある。

8．受取手数料のうち¥96,000（月額¥8,000）は、２月１日に、向こう１年間の手数料を受け取ったものである。

9．借入金は20x1年６月１日に借入期間１年、年利率３％で借り入れたもので、利息は元金とともに返済時に支払うことになっている。利息の計算は月割による。

10．法人税等を¥370,000、計上する。

	借方科目	金　　額	貸方科目	金　　額
1				
2				
3				
4				
5				
6				
7				
8				
9				
10				

精　算　表

勘定科目	残高試算表		整理記入		損益計算書		貸借対照表	
	借　方	貸　方	借　方	貸　方	借　方	貸　方	借　方	貸　方
現　　金	311,000							
現金過不足	3,000							
普通預金	684,000							
当座預金	743,000							
受取手形	120,000							
売　掛　金	240,000							
仮払消費税	192,000							
繰越商品	180,000							
建　　物	1,800,000							
備　　品	300,000							
支払手形		182,000						
買　掛　金		139,000						
仮受消費税		374,000						
借　入　金		200,000						
貸倒引当金		2,200						
建物減価償却累計額		324,000						
備品減価償却累計額		120,000						
資　本　金		2,000,000						
繰越利益剰余金		50,000						
売　　上		4,680,000						
受取手数料		104,000						
仕　　入	2,400,000							
給　　料	870,000							
宣伝広告費	230,000							
通　信　費	90,000							
保　険　料	12,200							
雑　（　　）								
（　　　　）								
貸倒引当金繰入								
減価償却費								
未払消費税								
（　　）宣伝広告費								
（　　）手数料								
支払利息								
（　　）利息								
未払法人税等								
法人税等								
当期純（　　）								
	8,175,200	8,175,200						

23－2　次の決算整理事項等に基づいて、精算表を完成しなさい。なお、会計期間は20x8年4月1日から20x9年3月31日までの1年間である。

決算整理事項等

1．得意先振出し、当店宛ての約束手形¥180,000の満期日が到来し、当座預金口座に振り込まれていたが、この取引の記帳がまだ行われていなかった。

2．仮払金は全額、備品の購入に関するものであることが判明した。この備品は20x8年12月1日に引渡しを受け、同日より使用を始めている。

3．決算につき現金を実査した結果、実際有高が¥4,900不足していることが判明したが、原因が不明であるため適切な処理を行う。

4．決算直前に前期発生分の売掛金¥9,100と当期発生分の売掛金¥5,600が回収不能となったが、全額貸倒引当金勘定で処理をしていた。

5．受取手形と売掛金の期末残高に対し、差額補充法により3％の貸倒引当金を計上する。

6．期末商品棚卸高は¥235,000であった。売上原価は「仕入」の行で計算すること。

7．有形固定資産の減価償却を行う。

　(1) 建物：定額法、耐用年数30年、残存価額 取得原価の10％

　(2) 備品（新・旧ともに）：定額法、耐用年数6年、残存価額 ゼロ

　　ただし、新備品については月割計算による。

8．受取家賃は、毎年6月1日と12月1日に向こう半年分（毎回同額）を受け取っている。

9．支払利息は借入金に対する利息であり、当期の9月30日（利払日）までの利息が計上されている。利払日後、決算日現在まで借入金の変動はなく、年利率4％により利息の未払高を月割計上する。

10．法人税等を¥79,000計上する。

精　算　表

勘定科目	残高試算表		整理記入		損益計算書		貸借対照表	
	借　方	貸　方	借　方	貸　方	借　方	貸　方	借　方	貸　方
現　　　金	325,870							
当座預金	224,630							
受取手形	384,000							
売　掛　金	246,000							
繰越商品	196,000							
仮　払　金	162,000							
仮払法人税等	32,000							
建　　　物	1,500,000							
備　　　品	315,000							
支払手形		155,000						
買　掛　金		208,600						
借　入　金		300,000						
貸倒引当金		2,800						
建物減価償却累計額		598,500						
備品減価償却累計額		227,500						
資　本　金		1,400,000						
繰越利益剰余金		126,000						
売　　　上		3,665,070						
受取家賃		98,000						
仕　　　入	2,695,000							
給　　　料	694,470							
貸倒損失	3,500							
支払利息	3,000							
	6,781,470	6,781,470						
雑　　　損								
貸倒引当金繰入								
減価償却費								
(　　)家賃								
(　　)利息								
未払法人税等								
法人税等								
当期純利益								

第24章　伝票・帳簿組織

24－1　大島商店の次の取引を入金伝票・出金伝票・振替伝票に記入しなさい。

1月9日　商品売買の仲介を行い、佐渡商店から、手数料¥50,000を現金で受け取った。（伝票番号No.1）

〃日　三宅商店から貸付金の一部¥100,000を小切手で受け取り、ただちに、当座預金とした。（伝票No.1）

〃日　現金¥70,000を第一銀行の当座預金に預け入れた。（伝票番号No.1）

〃日　出張中の社員大野三郎から、内容不明の¥200,000が当座預金に振り込まれた。（伝票番号No.2）

入　金　伝　票

20x1年　　月　　日　　No.

科目		入金先	殿
摘　　要		金　　額	
合　　計			

出　金　伝　票

20x1年　　月　　日　　No.

科目		支払先	殿
摘　　要		金　　額	
合　　計			

振　替　伝　票

20x1年　　月　　日　　No.

勘　定　科　目	金　　　額	勘　定　科　目	金　　　額
合　　　計		合　　　計	
摘要			

振　替　伝　票

20x1年　　月　　日　　No.

勘　定　科　目	金　　　額	勘　定　科　目	金　　　額
合　　　計		合　　　計	
摘要			

24－2　次の伝票に基づいて、仕訳をしなさい。

出　金　伝　票	
20x5年10月4日	
仮払金	76,000

入　金　伝　票	
20x5年10月6日	
売掛金（大分商店）	40,000

	借方科目	金　額	貸方科目	金　額
10/4				
10/6				

24－3　20x3年6月4日に商品¥160,000を仕入れ、代金のうち¥40,000は現金で支払い、残額は掛けとした。この取引については、(1)と(2)の2つの起票の方法があるが、それぞれの（　　）に適当な語または金額を記入しなさい。

(1)

（　　）伝　票	
20x3年6月4日	
仕　　入	40,000

（　　）伝　票			
20x3年6月4日			
借方科目	金　額	貸方科目	金　額
（　　）	（　　）	（　　）	（　　）

(2)

（　　）伝　票	
20x3年6月4日	
（　　）	（　　）

（　　）伝　票			
20x3年6月4日			
借方科目	金　額	貸方科目	金　額
（　　）	160,000	買掛金	160,000

24－4　商品を¥200,000で売り上げ、代金のうち¥60,000を現金で受け取り、残額を掛けとした取引について、入金伝票を(1)のように作成した場合と(2)のように作成した場合のそれぞれについて、解答用紙の振替伝票の記入を示しなさい。

(1)

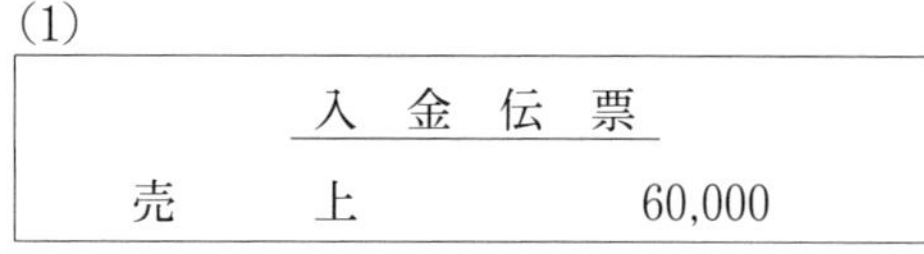

入　金　伝　票	
売　　上	60,000

(2)

入　金　伝　票	
売　掛　金	60,000

(1)

振　替　伝　票			
借方科目	金　額	貸方科目	金　額

(2)

振　替　伝　票			
借方科目	金　額	貸方科目	金　額

24－5　福岡商店の20x1年6月1日の取引に関して作成された次の伝票から、仕訳日計表を作成しなさい。

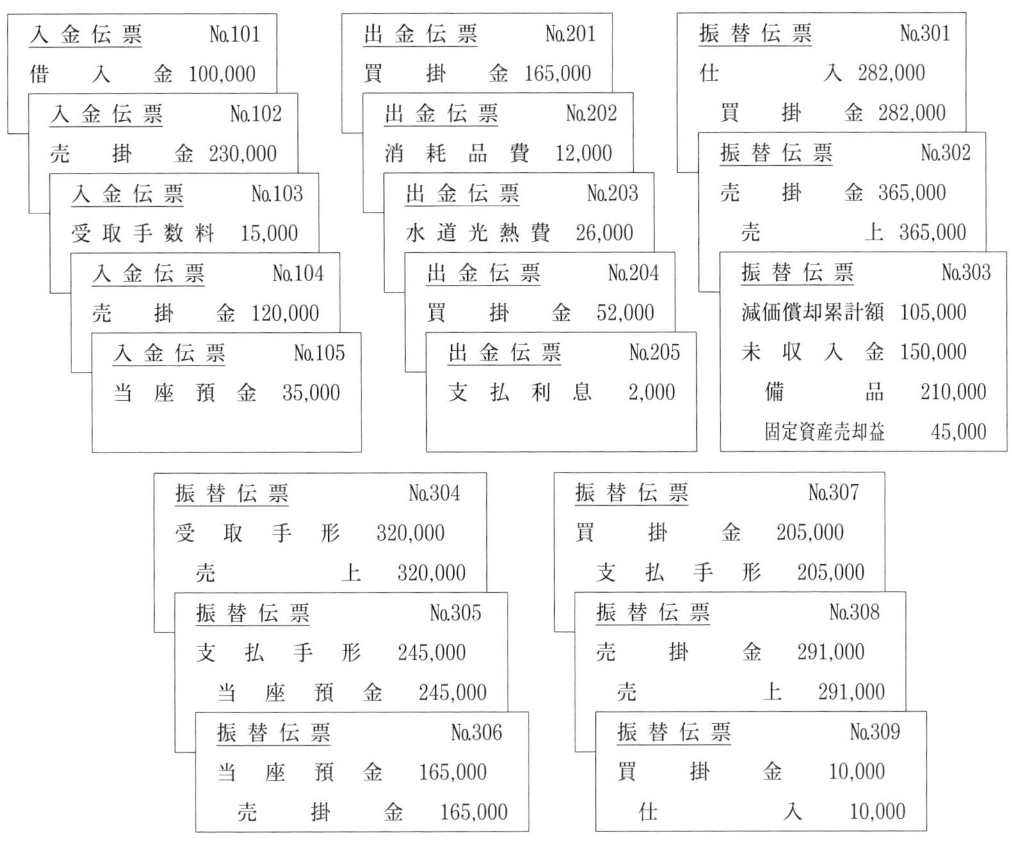

入金伝票　No.101
借入金　100,000

入金伝票　No.102
売掛金　230,000

入金伝票　No.103
受取手数料　15,000

入金伝票　No.104
売掛金　120,000

入金伝票　No.105
当座預金　35,000

出金伝票　No.201
買掛金　165,000

出金伝票　No.202
消耗品費　12,000

出金伝票　No.203
水道光熱費　26,000

出金伝票　No.204
買掛金　52,000

出金伝票　No.205
支払利息　2,000

振替伝票　No.301
仕入　282,000
買掛金　282,000

振替伝票　No.302
売掛金　365,000
売上　365,000

振替伝票　No.303
減価償却累計額　105,000
未収入金　150,000
備品　210,000
固定資産売却益　45,000

振替伝票　No.304
受取手形　320,000
売上　320,000

振替伝票　No.305
支払手形　245,000
当座預金　245,000

振替伝票　No.306
当座預金　165,000
売掛金　165,000

振替伝票　No.307
買掛金　205,000
支払手形　205,000

振替伝票　No.308
売掛金　291,000
売上　291,000

振替伝票　No.309
買掛金　10,000
仕入　10,000

仕訳集計表
20x1年6月1日

借方	元丁	勘定科目	貸方
	（省略）	現金	
		当座預金	
		受取手形	
		売掛金	
		未収入金	
		備品	
		減価償却累計額	
		支払手形	
		買掛金	
		借入金	
		売上	
		受取手数料	
		固定資産売却益	
		仕入	
		消耗品費	
		水道光熱費	
		支払利息	

24－6　福岡商店の20x5年の11月の取引は次のとおりであった。それぞれの日付の取引が、下記の表に示したどの補助簿に記入されるか、○印を付しなさい。なお、福岡商店は、本棚などの家具販売を本業としている。

11月5日　山口商店より本棚12台を¥1,776,000で仕入れ、代金のうち¥1,000,000は、約束手形を振り出し、残高は小切手を振り出して支払った。

12日　名古屋商店に、本棚5台を¥1,000,000で売り渡し、代金のうち¥300,000は、名古屋商店振出しの約束手形で受け取り、残高は掛けとした。

14日　熊本商店から本棚10台を¥1,500,000で受け取り、代金のうち¥700,000は、名古屋商店から受け取っていた小切手で支払い、残高は現金で支払った。

28日　熊本商店から受け入れていた本棚1台¥148,000を、返品した。なお、返品の代金は、掛け代金より控除した。

29日　東京商店へ本棚8台¥1,600,000を売り渡し、代金の¥500,000については、当店振り出しの小切手で受け取り、¥300,000については、東京商店振り出しの約束手形で受け取り、残高は掛けとした。

30日　不用になった備品（取得原価¥500,000　減価償却累計額¥270,000）を大分商店に売り渡し、代金として、同店振り出しの小切手¥110,000と当店振り出しの小切手¥100,000を受け取った。

	現金出納帳	当座預金出納帳	仕入帳	売上帳	商品有高帳	受取手形記入帳	支払手形記入帳	得意先元帳（売掛金元帳）	仕入先元帳（買掛金元帳）
11/5									
12									
14									
28									
29									
30									

補章3　補充問題（3）

補3－1　下記の［資料］から、株式会社福岡（決算年1回、3月31日）の損益勘定、資本金勘定、繰越利益勘定を完成させなさい。なお、当期は、20x1年4月1日から20x2年3月31日までである。

［資料］

1．決算整理前売上勘定　借方：¥　120,000　　貸方：¥6,291,000

2．決算整理前仕入勘定　借方：¥3,960,000　　貸方：¥　140,000

3．期首商品棚卸高：¥320,000

4．期末商品棚卸高：¥400,000

5．売上原価は仕入勘定で算定する。

損　　益

日付	摘要	金額	日付	摘要	金額
3/31	仕入	（　　）	3/31	売上高	（　　）
〃	給料	1,530,000	〃	受取手数料	210,000
〃	貸倒引当金繰入	6,000			
〃	減価償却費	80,000			
〃	宣伝広告費	110,000			
〃	水道光熱費	120,000			
〃	支払家賃	78,000			
〃	支払利息	14,000			
〃	法人税等	171,000			
〃	（　　）	（　　）			
		（　　）			（　　）

資　本　金

日付	摘要	金額	日付	摘要	金額
3/31	次期繰越	（　　）	4/1	前期繰越	3,000,000
			7/1	繰越利益剰余金	400,000
		（　　）			（　　）

繰越利益剰余金

日付	摘要	金額	日付	摘要	金額
7/1	資本金	400,000	4/1	前期繰越	526,000
3/31	次期繰越	（　　）	3/31	（　　）	（　　）
		（　　）			（　　）

補３－２　当社（会計期間は、20x8年４月１日から20x9年３月31日の１年間）の(1)決算整理前残高試算表および(2)決算整理事項等に基づいて、(3)決算整理後残高試算表を完成させなさい。

(1) 決算整理前残高試算表

残　高　試　算　表

20x8年３月31日

借　　方	勘定科目	貸　　方
343,000	現　　　金	
260,000	普　通　預　金	
486,000	当　座　預　金	
365,000	受　取　手　形	
535,000	売　　掛　　金	
748,300	仮　払　消　費　税	
350,000	繰　越　商　品	
30,000	前　　払　　金	
3,500,000	建　　　物	
500,000	備　　　品	
	支　払　手　形	408,000
	買　　掛　　金	328,800
	仮　受　消　費　税	989,500
	借　　入　　金	600,000
	貸　倒　引　当　金	12,000
	建物減価償却累計額	1,350,000
	備品減価償却累計額	312,500
	資　　本　　金	2,000,000
	繰越利益剰余金	258,000
	売　　　上	9,895,000
	受　取　手　数　料	216,000
7,483,000	仕　　　入	
890,000	給　　　料	
340,000	支　払　家　賃	
182,000	旅　費　交　通　費	
156,000	租　税　公　課	
180,000	保　　険　　料	
21,500	支　払　利　息	
16,369,800		16,369,800

(2) 決算整理事項等

1．期末商品棚卸高は、￥480,000である。売上原価は、「仕入」の行で計算すること。
2．受取手形および売掛金の期末残高に対して３％の貸倒れを見積る。なお、貸倒引当金の設定は、差額補充法により行う。
3．建物および備品に対して定額法により減価償却を行う。
残存価額は、建物　取得原価の10%、
備品　ゼロ（０）
耐用年数は、建物　30年、
備品　８年
4．現金の実際有高は、￥340,000である。差額分は、原因不明のため適切に処理する。
5．購入時に費用処理した収入印紙の未使用高が￥30,000あるので、貯蔵品へ振り替える。
6．消費税（税抜方式）の処理を行う。
7．受取手数料のうち￥36,000を前受け計上する。
8．保険料の前払い額が、￥42,000ある。
9．利息の未払い分が￥5,500ある。
10．未払法人税等￥316,000を計上する。

(3) 決算整理後残高試算表

決算整理後残高試算表

20x9年３月31日

借　方	勘定科目	貸　方
	現金	
	普通預金	
	当座預金	
	受取手形	
	売掛金	
	繰越商品	
	前払金	
	貯蔵品	
	(　　)保険料	
	建物	
	備品	
	支払手形	
	買掛金	
	(　　)手数料	
	(　　)消費税	
	(　　)利息	
	未払法人税等	
	借入金	
	貸倒引当金	
	建物減価償却累計額	
	備品減価償却累計額	
	資本金	
	繰越利益剰余金	
	売上	
	受取手数料	
	仕入	
	給料	
	貸倒引当金繰入	
	減価償却費	
	支払家賃	
	旅費交通費	
	租税公課	
	保険料	
	雑(　　)	
	支払利息	
	法人税等	

補3－3　下記の資料に基づいて、答案用紙に示した株式会社長野商店の受取家賃勘定および前受家賃勘定（標準式）の記入を行いなさい。家賃は毎年7月1日に向こう1年分（12ヵ月分）を現金で受け取っている。ただし、本問では仕丁欄は記入不要とする。なお、摘要欄には、次の中からもっとも適当と思われるものを選ぶこと。

現　　金	当座預金	未収家賃	前受家賃
受取家賃	支払家賃	損　　益	前期繰越
次期繰越			

（資 料）

1．期首（4月1日）時点において、前期末の決算時に計上した高知商店に対する前受家賃3ヵ月分¥90,000が繰り越されていたため、再振替仕訳を行った。
2．7月1日、家賃¥360,000の受取りの処理を行った。
3．3月31日、本日決算を行う。

受 取 家 賃

日付		摘　要	仕丁	借　方	日付		摘　要	仕丁	貸　方
			省略					省略	

前 受 家 賃

日付		摘　要	仕丁	借　方	日付		摘　要	仕丁	貸　方
			省略		4	1	前期繰越	省略	90,000

補3－4　当店では毎年8月1日に向こう1年分の保険料¥30,000を支払っていたが、今年の支払額は10%アップして¥33,000となった。そこで、この保険料に関連する下記の勘定の空欄のうち、(イ)～(ハ)には次に示した［語群］の中から適切な語句を選択し記入するとともに、(a)～(b)には適切な金額を記入しなさい。なお、会計期間は4月1日から3月31日までであり、前払保険料は月割計算している。

［語群］　前期繰越　　次期繰越　　損　　益　　現　　金
　　　　　未 払 金　　保 険 料　　前払保険料

保　険　料

4/1	前払保険料	(　　)	3/31	(イ)	(a)
8/1	現　　金	33,000	〃	(ロ)	(b)
		(　　)			(　　)

前払保険料

4/1	前期繰越	10,000	4/1	保　険　料	(　　)
3/31	保　険　料	(a)	3/31	(ハ)	(a)
		(　　)			(　　)

イ	ロ	ハ	a	b

補３－５　株式会社関西商会（決算は年１回　３月31日）の総勘定元帳勘定残高と決算整理事項は、次のとおりであった。

（1）整理仕訳（修正仕訳）を示しなさい。ただし、繰り延べおよび見越しの勘定を用いること。

（2）損益計算書および貸借対照表を完成しなさい。

元帳勘定残高

現　　　金	¥　698,000	普通預金	¥　476,000	当座預金	¥　1,265,000
受取手形	720,000	売　掛　金	1,980,000	貸倒引当金	18,000
繰越商品	482,000	仮払法人税等	90,000	備　　品	360,000
備品減価償却累計額	135,000	支払手形	530,000	買　掛　金	631,000
借　入　金	350,000	所得税預り金	44,000	資　本　金	3,500,000
繰越利益剰余金	151,500	売　　上	7,450,000	受取地代	34,000
仕　　入	4,996,000	給　　料	980,000	通　信　費	32,000
租税公課	120,000	支払家賃	455,000	保　険　料	124,000
雑　　費	48,000	支払利息	17,500		

決算整理事項

a．期末商品棚卸高は¥320,000である。

b．貸倒引当金は受取手形残高と売掛金残高に対し、それぞれ２％とする。なお、貸倒引当金は、差額補充法により設定する。

c．備品の減価償却は、取得原価¥360,000 残存価額はゼロ、耐用年数は８年とし、定額法による。

d．支払家賃のうち¥210,000は、20x1年11月分から20x2年４月分までを支払ったものであり、前払高を次期に繰り延べる。

e．切手¥12,000および収入印紙¥24,000の未使用高があったので貯蔵品勘定に振替える。

f．利息の未払高が¥3,500ある。

g．法人税等¥164,000を計上する。

(1)

記号	借方		貸方	
	借方科目	金額	貸方科目	金額
a				
b				
c				
d				
e				
f				
g				

(2)

損益計算書

関西商会　　20x1年4月1日から20x2年3月31日まで

費用	金額	収益	金額
売上原価	(　　)	売上高	(　　)
給料	(　　)	受取地代	(　　)
貸倒引当金繰入	(　　)		
減価償却費	(　　)		
通信費	(　　)		
租税公課	(　　)		
支払家賃	(　　)		
保険料	(　　)		
雑費	(　　)		
支払利息	(　　)		
法人税等	(　　)		
当期純(　　)	(　　)		
	(　　)		(　　)

貸借対照表

関西商会　　　　20x2年3月31日

資産	金額		負債および純資産	金額
現金		(　　)	支払手形	(　　)
普通預金		(　　)	買掛金	(　　)
当座預金		(　　)	借入金	(　　)
受取手形	(　　)		所得税預り金	(　　)
(　　)	(　　)	(　　)	未払費用	(　　)
売掛金	(　　)		未払法人税等	(　　)
(　　)	(　　)	(　　)	資本金	(　　)
商品		(　　)	繰越剰余金	(　　)
貯蔵品		(　　)		
前払費用		(　　)		
備品	(　　)			
(　　)	(　　)	(　　)		
		(　　)		(　　)

補3－6　次の(1)決算整理前残高試算表と(2)決算整理事項等に基づいて、答案用紙の貸借対照表と損益計算書を完成しなさい。なお、会計期間は20x1年4月1日から20x2年3月31日までの1年間である。

期末残高

現金	¥268,000	当座預金	¥460,000	受取手形	¥640,000
売掛金	460,000	仮払法人税等	120,000	仮払消費税	676,000
貸付金	348,000	繰越商品	632,000	建物	3,500,000
備品	620,000	支払手形	401,000	買掛金	225,000
借入金	800,000	仮受消費税	987,000	貸倒引当金	25,000
建物減価償却累計額	840,000	備品減価償却累計額	248,000	資本金	3,000,000
利益準備金	16,000	繰越利益剰余金	148,000	売上	9,872,000
受取手数料	99,000	受取家賃	26,000	受取利息	6,000
仕入	6,761,000	給料	1,223,000	旅費交通費	214,000
消耗品費	159,000	保険料	210,000	支払地代	360,000
支払利息	47,000	現金過不足（貸方）	5,000		

決算日に判明した未処理の事項

1. 現金過不足のうち、¥3,500は受取手数料の記入もれであることが判明した。残額については原因不明のため、適切な処理をした。
2. 買掛金の支払いのために振り出した約束手形¥74,000が¥47,000と記帳されていたことが判明したのでその修正を行った。
3. 決算日直前に当座預金口座より、当期分の支払利息¥5,000が引き落とされていたことが判明したが、この処理はまだなされていなかった。

決算整理事項

1. 受取手形および売掛金の期末残高に対して差額補充法により3%の貸倒引当金を設定する。
2. 期末商品棚卸高は¥516,000である。売上原価は「仕入」の行で計算すること。
3. 建物および備品に対して定額法で減価償却を行う。
   建物：残存価額：取得原価の10%　　耐用年数：30年
   備品：残存価額：　ゼロ　　耐用年数：10年
4. 消耗品の未使用額は¥17,000である。貯蔵品勘定に振り替える。
5. 受取手数料の前受額は¥14,000である。
6. 支払地代は毎月同額を11月分まで支払っている。当期の未払額を計上する。
7. 保険料のうち¥180,000は向こう1年分を20x1年11月1日に支払ったものである。
8. 消費税（税抜方式）の処理を行う。
9. 法人税等¥250,000を計上する。

損益計算書

20x1年4月1日から20x2年3月31日まで　(単位：円)

費用	金額	収益	金額
売上原価	(　　)	売上高	(　　)
給料	(　　)	受取手数料	(　　)
貸倒引当金繰入	(　　)	受取家賃	(　　)
減価償却費	(　　)	受取利息	(　　)
旅費交通費	(　　)	雑益	(　　)
消耗品費	(　　)		
保険料	(　　)		
支払地代	(　　)		
支払利息	(　　)		
法人税等	(　　)		
当期純(　　)	(　　)		
	(　　)		(　　)

貸借対照表

20x2年3月31日　(単位：円)

資産		金額	負債および純資産	金額
現金		(　　)	支払手形	(　　)
当座預金		(　　)	買掛金	(　　)
受取手形	(　　)		借入金	(　　)
貸倒引当金	(　　)	(　　)	前受収益	(　　)
売掛金	(　　)		未払費用	(　　)
貸倒引当金	(　　)	(　　)	未払消費税	(　　)
貸付金		(　　)	未払法人税等	(　　)
商品		(　　)	資本金	(　　)
貯蔵品		(　　)	利益準備金	(　　)
前払費用		(　　)	繰越剰余金	(　　)
建物	(　　)		(うち当期純利益 ￥　　)	
減価償却累計額	(　　)	(　　)		
備品	(　　)			
減価償却累計額	(　　)	(　　)		
		(　　)		(　　)

解 答 編

解　答　編

第１章　資産・負債・資本（純資産）と貸借対照表

1－1

ア	6	イ	11	ウ	5	エ	12	オ	16
カ	1	キ	17	ク	8	ケ	14	コ	7
サ	2	シ	13	ス	9	セ	3	ソ	18
タ	4	チ	15	ツ	10	テ	3	ト	18
ナ	19								

※アとイは順不同、テ、トおよびナは、順不同

1－2

(1)	貸付金	(2)	商品	(3)	売掛金
(4)	借入金	(5)	買掛金	(6)	備品

1－3

資　産………　1　2　3　4　6　9　10

負　債………　5　8

資　本………　7

1－4

(1)　資産総額　　（¥　510,000　）　負債総額　（¥　210,000　）

純資産（資本）の額（¥　300,000　）

(2)　**貸借対照表**

（福岡）商店　　20x1年（1）月（1）日

資産	金額	負債および純資産（資本）	金額
現金	70,000	買掛金	60,000
売掛金	110,000	借入金	150,000
商品	250,000	資本金	300,000
備品	80,000		
	510,000		510,000

1－5

ア	資産	イ	貸借対照表	ウ	資本（純資産）	エ	資本（純資産）

1－6

(1)　**貸借対照表**

佐賀商店　　20x1年１月１日

資産	金額	負債および純資産（資本）	金額
現金	300,000	資本金	1,000,000
建物	700,000		
	1,000,000		1,000,000

(2)　**貸借対照表**

佐賀商店　　20x1年12月31日

資産	金額	負債および純資産（資本）	金額
現金	600,000	買掛金	360,000
商品	400,000	借入金	500,000
建物	800,000	資本金	1,000,000
備品	200,000	当期純利益	140,000
	2,000,000		2,000,000

1－7

	期首資産	期首負債	期首資本	期末資産	期末負債	期末資本	当期純利益
(1)	600,000	250,000	350,000	800,000	300,000	500,000	150,000
(2)	580,000	260,000	320,000	700,000	260,000	440,000	120,000
(3)	987,000	487,000	500,000	1,038,000	326,000	712,000	212,000

第2章　収益・費用と損益計算書

2－1　収　益 ……… 2　4　7　8

費　用 ……… 1　3　5　6

2－2　ア 費　用　イ 純利益　ウ 損益計算書

2－3　(1) 収益総額　(¥　161,000　)　費用総額　(¥　129,000　)

当期純利益　(¥　32,000　)

(2)

損益計算書

（大分）商店　20x2年（1）月（1）日から20x2年（12）月（31）日まで

費用	金額	収益	金額
給料	41,000	商品売買益	150,000
支払家賃	20,000	受取手数料	6,000
宣伝広告費	35,000	受取利息	5,000
水道光熱費	12,000		
交通費	5,000		
消耗品費	16,000		
当期純利益	**32,000**		
	161,000		161,000

2－4

	収益	費用	純利益	純損失
(1)	785,000	655,000	130,000	
(2)	1,456,000	1,133,000	323,000	
(3)	2,328,000	2,456,000		128,000

2－5　(1)

損益計算書

宮崎商会　20x2年1月1日から20x2年12月31日まで

費用	金額	収益	金額
給料	270,000	商品売買益	515,000
水道光熱費	16,000	受取手数料	15,000
通信費	14,000		
支払家賃	60,000		
当期純利益	**170,000**		
	530,000		530,000

(2)

貸借対照表

宮崎商会　20x2年12月31日

資産	金額	負債および純資産（資本）	金額
現金	800,000	買掛金	500,000
売掛金	700,000	借入金	600,000
商品	450,000	資本金	1,000,000
備品	320,000	当期純利益	170,000
	2,270,000		2,270,000

2－6　(1) 期首貸借対照表

貸借対照表

高知商店　　20x1年4月1日

資産	金額	負債および純資産（資本）	金額
現金	1,000,000	資本金	1,000,000

(2) 損益計算書

損益計算書

高知商店　　20x1年4月1日から20x2年3月31日まで

費用	金額	収益	金額
給料	300,000	商品売買益	665,000
水道光熱費	19,000	受取手数料	13,000
通信費	17,000		
支払家賃	72,000		
当期純利益	**270,000**		
	678,000		678,000

(3) 期末貸借対照表

貸借対照表

高知商店　　20x2年3月31日

資産	金額	負債および純資産（資本）	金額
現金	800,000	買掛金	380,000
売掛金	550,000	借入金	450,000
商品	400,000	資本金	1,000,000
備品	350,000	当期純利益	270,000
	2,100,000		2,100,000

第3章　取引と勘定

3－1
(1) 現金¥500,000を出資して営業を開始した。　………（ ○ ）
(2) 現金¥120,000を貸し付ける契約をした。　………（ × ）
(3) 建物¥680,000が火災によって焼失した。　………（ ○ ）
(4) 商品¥30,000を現金で仕入れた。　………（ ○ ）
(5) 店員を1ヶ月¥90,000で雇い入れる約束をした。　………（ × ）
(6) 机、椅子を購入し、代金は月末に払うことにした。　………（ ○ ）

3－2

資産勘定	
（ 増 加 ）	（ 減 少 ）

負債勘定	
（ 減 少 ）	（ 増 加 ）

資本勘定	
（ 減 少 ）	（ 増 加 ）

費用勘定	
（ 発 生 ）	（ 消 滅 ）

収益勘定	
（ 消 滅 ）	（ 発 生 ）

3－3

	借方要素	勘定の名称	貸方要素	勘定の名称
例	資産の増加	現金	資本の増加	資本金
(1)	資産の増加	備品	資産の減少	現金
(2)	資産の増加	商品	負債の増加	買掛金
(3)	資産の増加	現金	負債の増加	借入金
(4)	資産の増加	売掛金	資産の減少	商品
			収益の発生	商品売買益
(5)	費用の発生	広告料	資産の減少	現金

第4章　仕訳と転記

4－1

(1)

①勘定科目名	②項目	③変化	④記入側	⑤金額
商　　　品	資　　産	減　　少	貸　　方	50,000
売　掛　金	資　　産	増　　加	借　　方	63,000
商品売買益	収　　益	発　　生	貸　　方	13,000

(2)

借　方		貸　方	
①勘定科目名	⑤金額	①勘定科目名	⑤金額
売　掛　金	63,000	商　　　品	50,000
		商品売買益	13,000

4－2

	借方科目	金額	貸方科目	金額
4/1	現　　　金	100,000	資　本　金	100,000
3	備　　　品	40,000	現　　　金	40,000
6	現　　　金	300,000	借　入　金	300,000
10	商　　　品	50,000	現　　　金	50,000
15	現　　　金	37,000	商　　　品 商品売買益	30,000 7,000
18	旅費交通費	3,000	現　　　金	3,000
25	給　　　料	5,000	現　　　金	5,000

4－3

4月1日

借方科目	金　額	貸方科目	金　額
現　　　金	700,000	資　本　金	700,000

現　金

借方	貸方
4/1 資本金 700,000	

資　本　金

借方	貸方
	4/1 現　金 700,000

4月5日

借方科目	金　額	貸方科目	金　額
備　　　品	100,000	現　　　金	100,000

現　金

借方	貸方
	4/5 備　品 100,000

備　品

借方	貸方
4/5 現　金 100,000	

4月7日

借方科目	金　額	貸方科目	金　額
商　　　品	170,000	買　掛　金	170,000

商　品

借方	貸方
4/7 買掛金 170,000	

買　掛　金

借方	貸方
	4/7 商　品 170,000

4月9日

借方科目	金額	貸方科目	金額
売掛金	85,000	商品 商品売買益	70,000 15,000

売掛金

4/9 諸口 85,000	

商品

	4/9 売掛金 70,000

商品売買益

	4/9 売掛金 15,000

4－4

	借方科目	金額	貸方科目	金額
6/1	現金	100,000	資本金	100,000
3	商品	50,000	現金 買掛金	30,000 20,000
7	現金 売掛金	20,000 30,000	商品 商品売買益	40,000 10,000
9	買掛金	20,000	現金	20,000
14	現金	15,000	売掛金	15,000
18	備品	50,000	現金	50,000
25	給料	10,000	現金	10,000

総勘定元帳（元帳）

現金 1

借方	貸方
6/1 資本金 100,000	6/3 商品 30,000
7 諸口 20,000	9 買掛金 20,000
14 売掛金 15,000	18 備品 50,000
	25 給料 10,000

2 売掛金

借方	貸方
6/7 諸口 30,000	6/14 現金 15,000

3 商品

借方	貸方
6/3 諸口 50,000	6/7 諸口 40,000

4 備品

借方	貸方
6/18 現金 50,000	

買掛金 5

借方	貸方
6/9 現金 20,000	6/3 商品 20,000

6 資本金

借方	貸方
	6/1 現金 100,000

商品売買益 7

借方	貸方
	6/7 諸口 10,000

8 給料

借方	貸方
6/25 現金 10,000	

第5章 仕訳帳と総勘定元帳

5－1

仕訳帳 1

20x1年		摘要	元丁	借方	貸方
7	4	（現金）	1	100,000	
		（借入金）	8		100,000
		福岡銀行より借り入れ			
	9	（商品）	4	50,000	
		（現金）	1		50,000
		福岡商店より仕入れ			
	14	（現金） 諸口	1	60,000	
		（商品）	4		40,000
		（商品売買益）	11		20,000
		佐賀商店へ売上げ			

総勘定元帳

現　金　1

20x1年		摘　要	仕丁	借　方	20x1年		摘　要	仕丁	貸　方
7	4	借入金	1	100,000	7	9	商品	1	50,000
	14	諸口	〃	60,000					

商　品　4

20x1年		摘　要	仕丁	借　方	20x1年		摘　要	仕丁	貸　方
7	9	現金	1	50,000	7	14	現金	1	40,000

借入金　8

20x1年		摘　要	仕丁	借　方	20x1年		摘　要	仕丁	貸　方
					7	4	現金	1	100,000

商品売買益　11

20x1年		摘　要	仕丁	借　方	20x1年		摘　要	仕丁	貸　方
					7	14	現金	1	20,000

5－2

総勘定元帳

現　金　1

20x1年		摘　要	仕丁	借　方	貸　方	借／貸	残　高
7	4	借入金	1	100,000		借	100,000
	9	商品	〃		5,000	〃	50,000
	14	諸口	〃	60,000		〃	110,000

商　品　4

20x1年		摘　要	仕丁	借　方	貸　方	借／貸	残　高
7	9	現金	1	50,000		借	50,000
	14	現金	〃		40,000	〃	10,000

借入金　8

20x1年		摘　要	仕丁	借　方	貸　方	借／貸	残　高
7	4	現金	1		100,000	貸	100,000

商品売買益　11

20x1年		摘　要	仕丁	借　方	貸　方	借／貸	残　高
7	14	現金	1		20,000	貸	20,000

5－3

仕訳帳　1

20x1年		摘　要	元丁	借　方	貸　方
6	1	（現金）		500,000	
		（資本金）			500,000
		営業開始			
	15	（買掛金）		150,000	
		（現金）			150,000
		上野商店へ支払い			
		次ページへ		850,000	850,000

仕　訳　帳

2

20x1年		摘　　　要	元丁	借　方	貸　方
		前ページから		850,000	850,000
6	24	諸　口　（現　金）			127,200
		（借　入　金）		120,000	
		（支　払　利　息）		7,200	
		岩手銀行へ借入金返済			

第6章　試算表と精算表

6－1

合計試算表

20x3年12月31日

借　方	元丁	勘定科目	貸　方
142,000	1	現　　　金	92,920
20,000	2	売　掛　金	8,000
79,000	3	商　　　品	44,000
20,000	5	備　　　品	
12,000	6	買　掛　金	30,000
6,000	7	借　入　金	21,000
	8	資　本　金	70,000
	11	商品売買益	16,000
	12	受取手数料	3,000
4,000	15	給　　　料	
1,800	16	消耗品費	
120	19	支払利息	
284,920			284,920

6－2

残高試算表

20x3年12月31日

借　方	元丁	勘定科目	貸　方
49,080	1	現　　　金	
12,000	2	売　掛　金	
35,000	3	商　　　品	
20,000	5	備　　　品	
	6	買　掛　金	18,000
	7	借　入　金	15,000
	8	資　本　金	70,000
	11	商品売買益	16,000
	12	受取手数料	3,000
4,000	15	給　　　料	
1,800	16	消耗品費	
120	19	支払利息	
122,000			122,000

6－3

総勘定元帳

現　金　1

日付	摘要	金額	日付	摘要	金額
4/ 1	資本金	200,000	4/ 3	商　品	80,000
7	諸　口	62,000	10	商　品	20,000
14	諸　口	30,000	16	買掛金	15,000
20	売掛金	14,000	25	諸　口	22,000

売　掛　金　2

日付	摘要	金額	日付	摘要	金額
4/14	諸　口	25,000	4/20	現　金	14,000

買 掛 金					5
4/16	現 金	15,000	4/10	商 品	25,000

商品売買益					10
			4/7	現 金	15,000
			14	諸 口	15,000

支払家賃					14
4/25	現 金	5,000			

商 品					3
4/3	現 金	80,000	4/17	現 金	47,000
10	諸 口	45,000	14	諸 口	40,000

資 本 金					6
			4/1	現 金	200,000

給 料					13
4/25	現 金	15,000			

雑 費					15
4/25	現 金	2,000			

合計残高試算表

20x1年4月30日

借方		元丁	勘定科目	貸方	
残高	合計			合計	残高
169,000	306,000	1	現 金	137,000	
11,000	25,000	2	売 掛 金	14,000	
38,000	125,000	3	商 品	87,000	
	15,000	5	買 掛 金	25,000	10,000
		6	資 本 金	200,000	200,000
		10	商 品 売 買 益	30,000	30,000
15,000	15,000	13	給 料		
5,000	5,000	14	支 払 家 賃		
2,000	2,000	15	雑 費		
240,000	493,000			493,000	240,000

6－4

仕 訳 帳

13

20x1年		摘 要	元丁	借 方	貸 方
		前ページから		3,388,000	3,388,000
3	31	（給 料）	9	1,000	
		（現 金）	1		1,000
		3月分支払い			
				3,389,000	3,389,000

合計試算表

20x1年3月31日

借方合計	3月中の取引	2月末まで	元丁	勘定科目	2月末まで	3月中の取引	貸方合計
125,9000	86,000	1,173,000	1	現 金	665,700	69,300	735,000
730,000	12,000	718,000	2	売 掛 金	490,000	50,000	540,000
632,000	52,000	580,000	3	商 品	528,000	48,000	576,000
120,000	10,000	110,000	4	備 品			
380,000	31,000	349,000	5	買 掛 金	385,000	35,000	420,000
80,000	20,000	60,000	6	借 入 金	130,000		130,000
			7	資 本 金	700,000		700,000
			8	商 品 売 買 益	264,000	24,000	288,000
172,000	14,000	158,000	9	給 料			
16,000	1,300	14,700	10	水 道 光 熱 費			
3,389,000	226,300	3,162,700			3,162,700	226,300	3,389,000

6 − 5

精　算　表

勘定科目	残高試算表		損益計算書		貸借対照表	
	借方	貸方	借方	貸方	借方	貸方
現　　金	310,000				310,000	
売　掛　金	240,000				240,000	
商　　品	150,000				150,000	
備　　品	80,000				80,000	
買　掛　金		260,000				260,000
資　本　金		500,000				500,000
商品売買益		100,000		100,000		
給　　料	50,000		50,000			
支払家賃	26,000		26,000			
消耗品費	4,000		4,000			
当期純（利益）			**20,000**			20,000
	860,000	860,000	100,000	100,000	780,000	780,000

6 − 6

精　算　表

20x1年12月31日

勘定科目	残高試算表		損益計算書		貸借対照表	
	借方	貸方	借方	貸方	借方	貸方
現　　金	348,000				348,000	
売　掛　金	454,000				454,000	
商　　品	74,000				74,000	
備　　品	180,000				180,000	
買　掛　金		254,000				254,000
借　入　金		200,000				200,000
資　本　金		500,000				500,000
商品売買益		432,000		432,000		
給　　料	174,000		174,000			
宣伝広告費	138,000		138,000			
雑　　費	12,000		12,000			
支払利息	6,000		6,000			
当期純（利益）			**102,000**			102,000
	1,386,000	1,386,000	432,000	432,000	1,056,000	1,056,000

第7章　仕訳帳と総勘定元帳の締切

7 − 1

	借方科目	金額	貸方科目	金額
3/31	商品売買益 受取手数料	97,000 15,000	損　　益	112,000

商品売買益

日付	摘要	金額	日付	摘要	金額
3/31	損　益	97,000	3/ 5	諸　口	30,000
			11	売掛金	45,000
			23	諸　口	22,000
		97,000			97,000

受取手数料

日付	摘要	金額	日付	摘要	金額
3/31	損　益	15,000	3/15	現　金	15,000

損　益

日付	摘要	金額	日付	摘要	金額
			3/31	商品売買益	97,000
			〃	受取手数料	15,000

7－2

	借方科目	金額	貸方科目	金額
3/31	損益	75,000	給料	60,000
			支払家賃	15,000

給料

3/ 5	現金	60,000	3/31	損益	60,000

支払家賃

3/15	現金	15,000	3/31	損益	15,000

損益

3/31	給料	60,000	3/31	商品売買益	97,000
〃	支払家賃	15,000	〃	受取手数料	15,000

7－3

	借方科目	金額	貸方科目	金額
3/31	損益	37,000	資本金	37,000

損益

3/31	給料	60,000	3/31	商品売買益	97,000
〃	支払家賃	15,000	〃	受取手数料	15,000
〃	資本金	37,000			
		112,000			112,000

資本金

3/31	**次期繰越**	**337,000**	3/ 1	前期繰越	300,000
			31	損益	37,000
		337,000			337,000

7－4

	借方科目	金額	貸方科目	金額
12/31	商品売買益	90,000	損益	100,000
	受取手数料	10,000		
	損益	85,000	給料	60,000
			消耗品費	5,000
			支払家賃	20,000
	損益	15,000	資本金	15,000

商品売買益

12/31	損益	90,000			90,000

給料

		60,000	12/31	損益	60,000

支払家賃

		20,000	12/31	損益	20,000

資本金

12/31	**次期繰越**	**515,000**			500,000
			12/31	損益	15,000
		515,000			515,000
			1/ 1	前期繰越	515,000

受取手数料

12/31	損益	10,000			10,000

消耗品費

		5,000	12/31	損益	5,000

損益

12/31	給料	60,000	12/31	商品売買益	90,000
〃	消耗品費	5,000	〃	受取手数料	10,000
〃	支払家賃	20,000			
〃	資本金	15,000			
		100,000			100,000

7－5

現　金

780,000	180,000
	3/31 次期繰越 **600,000**
780,000	780,000
4/ 1 前期繰越 600,000	

資　本　金

3/31 次期繰越 537,000	3/ 1 前期繰越 500,000
	3/31 損　益 37,000
537,000	537,000
	4/ 1 前期繰越 537,000

買　掛　金

130,000	320,000
12/31 次期繰越 190,000	
320,000	320,000
	4/ 1 前期繰越 190,000

7－6

仕　訳　帳

5

20x1年		摘　要		元丁	借　方	貸　方
		(決　算　仕　訳)				
12	31	諸　口	(損　益)	18		340,000
		(商品売買益)		13	280,000	
		(受取手数料)		14	60,000	
		収益を損益勘定へ振替え				
	〃	(損　益)	諸　口	18	210,000	
			(給　料)	15		100,000
			(宣伝広告費)	16		40,000
			(雑　費)	17		70,000
		費用を損益勘定へ振替え				
	〃	(損　益)		18	130,000	
			(資　本　金)	12		130,000
		当期純利益を資本金勘定へ振替え				
					680,000	680,000

資　本　金

12

20x1年		摘　要	仕丁	借　方	20x1年		摘　要	仕丁	貸　方
12	**31**	**次期繰越**	**✓**	**630,000**	12	1	現　金	1	500,000
						31	損　益	5	130,000
				630,000					630,000
					1	1	前期繰越	✓	630,000

商品売買益

13

12	31	損　益	5	280,000	12	5	売掛金	1	200,000
						19	現　金	2	80,000
				280,000					280,000

受取手数料

14

12	31	損　益	5	60,000	12	23	現　金	2	60,000

給　　料　15

12	26	現　　金	3	100,000	12	31	損　　益	5	100,000

宣伝広告費　16

12	10	現　　金	1	40,000	12	31	損　　益	5	40,000

雑　　費　17

12	16	現　　金	2	70,000	12	31	損　　益	5	70,000

損　　益　18

12	31	給　　料	5	100,000	12	31	商品売買益	5	280,000
	〃	宣伝広告費	〃	40,000		〃	受取手数料	〃	60,000
	〃	雑　　費	〃	70,000					
	〃	資本金	〃	130,000					
				340,000					340,000

7－7

(1)

	借方科目	金額	貸方科目	金額
12/31	商品売買益	185,000	損　　益	185,000
〃	損　　益	103,000	給　　料 雑　　費	95,000 8,000
〃	損　　益	82,000	資本金	82,000

(2)

損　　益

借方		貸方	
12/31 給　　料	95,000	12/31 商品売買益	185,000
〃 雑　　費	8,000		
〃 資本金	82,000		
	185,000		185,000

資　本　金

借方		貸方	
12/31 次期繰越	782,000	1/1 前期繰越	700,000
		31 損　　益	82,000
	782,000		782,000
		1/1 前期繰越	782,000

(3)

繰越試算表
20x1年12月31日

借　　方	元丁	勘定科目	貸　　方
360,000	1	現　　金	
270,000	2	売掛金	
120,000	3	商　　品	
100,000	4	備　　品	
	5	買掛金	68,000
	6	資本金	782,000
850,000			850,000

第8章　貸借対照表と損益計算書の作成

8－1

損益計算書

岩国商店　　20x1年1月1日から20x1年12月31日まで

費用	金額	収益	金額
給料	160,000	商品売買益	238,000
支払家賃	35,000	受取手数料	25,000
雑費	8,000		
支払利息	2,000		
当期純利益	**58,000**		
	263,000		263,000

貸借対照表

岩国商店　　20x1年12月31日

資産	金額	負債および資本（純資産）	金額
現金	287,000	買掛金	337,000
売掛金	480,000	借入金	100,000
商品	78,000	資本金	500,000
備品	150,000	当期純利益	58,000
	995,000		995,000

8－2

(1)

損益計算書

徳山商店　　20x1年1月1日から20x1年12月31日まで

費用	金額	収益	金額
給料	324,000	商品売買益	587,000
雑費	8,000	受取手数料	30,000
支払利息	6,000		
当期純利益	**279,000**		
	617,000		617,000

(2)

貸借対照表

徳山商店　　20x1年12月31日

資産	金額	負債および資本（純資産）	金額
現金	296,000	買掛金	326,000
売掛金	465,000	借入金	100,000
商品	364,000	資本金	1,000,000
建物	500,000	当期純利益	279,000
備品	80,000		
	1,705,000		1,705,000

第9章　総合問題（1）

	借方科目	金額	貸方科目	金額
1/1	現金	1,000,000	資本金	1,000,000
3	備品	170,000	現金	170,000
5	商品	428,000	現金	100,000
			買掛金	328,000
8	現金	378,000	商品	270,000
			商品売買益	108,000
10	買掛金	180,000	現金	180,000
12	商品	530,000	買掛金	530,000
15	現金	200,000	商品	345,000
	売掛金	317,000	商品売買益	172,000

	借方科目	金額	貸方科目	金額
1/17	現金	100,000	借入金	100,000
20	売掛金	327,000	商品	234,000
			商品売買益	93,000
25	給料	125,000	現金	170,000
	支払家賃	45,000		
26	買掛金	400,000	現金	400,000
28	現金	300,000	売掛金	300,000
30	支払利息	4,600	現金	4,600

（決算仕訳）

	借方科目	金額	貸方科目	金額
1/31	商品売買益	373,000	損益	373,000
〃	損益	174,600	給料	125,000
			支払家賃	45,000
			支払利息	4,600
〃	損益	198,400	資本金	198,400

総勘定元帳

現金　1

日付	摘要	金額	日付	摘要	金額
1/1	資本金	1,000,000	1/3	備品	170,000
8	諸口	378,000	5	商品	100,000
15	諸口	200,000	10	買掛金	180,000
17	借入金	100,000	25	諸口	170,000
28	売掛金	300,000	26	買掛金	400,000
			30	支払利息	4,600
			31	**次期繰越**	**953,400**
		1,978,000			1,978,000
2/1	前期繰越	953,400			

売掛金　2

日付	摘要	金額	日付	摘要	金額
1/15	諸口	317,000	1/28	現金	300,000
20	諸口	327,000	31	**次期繰越**	**344,000**
		644,000			644,000
2/1	前期繰越	344,000			

商品　3

日付	摘要	金額	日付	摘要	金額
1/5	諸口	428,000	1/8	現金	270,000
12	買掛金	530,000	15	諸口	345,000
			20	売掛金	234,000
			31	**次期繰越**	**109,000**
		958,000			958,000
2/1	前期繰越	109,000			

備品 4

1/ 3 現　　金	170,000	**1/31 次期繰越**	**170,000**
2/ 1 前期繰越	170,000		

借入金 6

1/31 次期繰越	**100,000**	1/17 現　　金	100,000
		2/ 1 前期繰越	100,000

資本金 7

1/31 次期繰越	**1,198,400**	1/ 1 現　　金	1,000,000
		31 損　　益	198,400
	1,198,400		1,198,400
		2/ 1 前期繰越	1,198,400

給料 9

1/25 現　　金	125,000	1/31 損　　益	125,000

支払家賃 10

1/30 現　　金	45,000	1/31 損　　益	45,000

支払利息 11

1/30 現　　金	4,600	1/31 損　　益	4,600

買掛金 5

1/10 現　　金	180,000	1/ 5 商　　品	328,000
26 現　　金	400,000	12 商　　品	530,000
31 次期繰越	**278,000**		
	858,000		858,000
		2/ 1 前期繰越	278,000

商品売買益 8

1/31 損　　益	373,000	1/ 8 現　　金	108,000
		15 諸　　口	172,000
		20 売 掛 金	93,000
	373,000		373,000

損益 12

1/31 給　　料	125,000	1/31 商品売買益	373,000
〃 支払家賃	45,000		
〃 支払利息	4,600		
〃 資 本 金	198,400		
	373,000		373,000

合計残高試算表

20x1年1月31日

借方		元丁	勘定科目	貸方	
残高	合計			合計	残高
953,400	1,978,000	1	現金	1,024,600	
344,000	644,000	2	売掛金	300,000	
109,000	958,000	3	商品	849,000	
170,000	170,000	4	備品		
	580,000	5	買掛金	858,000	278,000
		6	借入金	100,000	100,000
		7	資本金	1,000,000	1,000,000
		8	商品売買益	373,000	373,000
125,000	125,000	9	給料		
45,000	45,000	10	支払家賃		
4,600	4,600	11	支払利息		
1,751,000	4,504,600			4,504,600	1,751,000

繰越試算表

20x1年1月31日

借方	元丁	勘定科目	貸方
953,400	1	現金	
344,000	2	売掛金	
109,000	3	商品	
170,000	4	備品	
	5	買掛金	278,000
	6	借入金	100,000
	7	資本金	1,198,400
1,576,400			1,576,400

精算表

20x1年1月31日

勘定科目	残高試算表		損益計算書		貸借対照表	
	借方	貸方	借方	貸方	借方	貸方
現金	953,400				953,400	
売掛金	344,000				344,000	
商品	109,000				109,000	
備品	170,000				170,000	
買掛金		278,000				278,000
借入金		100,000				100,000
資本金		1,000,000				1,000,000
商品売買益		373,000		373,000		
給料	125,000		125,000			
支払家賃	45,000		45,000			
支払利息	4,600		4,600			
当期純(利益)			**198,400**			198,400
	1,751,000	1,751,000	373,000	373,000	1,576,400	1,576,400

損益計算書

鳥栖商店　　20x1年1月1日から20x1年1月31日まで

費用	金額	収益	金額
給料	125,000	商品売買益	373,000
支払家賃	45,000		
支払利息	4,600		
当期純利益	**198,400**		
	373,000		373,000

貸借対照表

鳥栖商店　　　　20x1年1月31日

資　　産	金　　額	負債および資本（純資産）	金　　額
現　　金	953,400	買　掛　金	278,000
売　掛　金	344,000	借　入　金	100,000
商　　品	109,000	資　本　金	1,000,000
備　　品	170,000	当期純利益	198,400
	1,576,400		1,576,400

第10章　現金と預金の処理

10－1

	借方科目	金　額	貸方科目	金　額
(1)	現　　金	234,000	商　　品 商品売買益	180,000 54,000
(2)	現　　金	120,000	売　掛　金	120,000

10－2

現金出納帳

20x1年		摘　　要	収　入	支　出	残　高
7	1	前月繰越	300,000		300,000
	5	尾道商店　仕入代金		50,000	250,000
	15	福山事務機より備品買い入れ		120,000	130,000
	20	倉敷商店　売掛金回収	90,000		220,000
	30	7月分給料支払い		50,000	170,000
	31	**次月繰越**		**170,000**	
			390,000	390,000	
8	1	前月繰越	170,000		170,000

10－3

	借方科目	金　額	貸方科目	金　額
(1)	現金過不足	5,000	現　　金	5,000
(2)	買　掛　金 雑　　損	4,000 1,000	現金過不足	5,000

10－4

	借方科目	金　額	貸方科目	金　額
(1)	現　　金	7,000	現金過不足	7,000
(2)	現金過不足	7,000	売　掛　金 雑　　益	1,800 5,200

10－5

	借方科目	金額	貸方科目	金額
(1)	当座預金	115,000	商品 商品売買益	90,000 25,000
(2)	商品	160,000	当座預金	160,000
(3)	当座預金	80,000	売掛金	80,000
(4)	買掛金	100,000	現金 当座預金	40,000 60,000
(5)	普通預金	103,000	定期預金 受取利息	100,000 3,000
(6)	通信費 水道光熱費	26,000 6,200	普通預金	32,200

10－6

	借方科目	金額	貸方科目	金額
6/ 3	買掛金	100,000	当座預金	100,000
7	当座預金 売掛金	65,000 50,000	商品 商品売買益	75,000 40,000
15	商品	170,000	当座預金	170,000
20	当座預金	70,000	売掛金	70,000
25	当座預金	130,000	売掛金	130,000
28	支払家賃	60,000	当座預金	60,000

当座預金

		借方			貸方
		80,000	6/ 3	買掛金	100,000
6/ 7	諸口	65,000	15	商品	170,000
20	売掛金	70,000	28	支払家賃	60,000
25	売掛金	130,000			

当座預金出納帳

20x1年		摘要	収入	支出	借/貸	残高
6	1	前月繰越	80,000		借	80,000
	3	大分商店　買掛金支払い		100,000	貸	20,000
	7	宮崎商店　売上代金一部　小切手受取り	65,000		借	45,000
	15	山口商店　仕入れ		170,000	貸	125,000
	20	長崎商店　売掛金回収　小切手受取り	70,000		〃	55,000
	25	熊本商店　売掛金回収　小切手受取り	130,000		借	75,000
	28	6月分家賃支払い		60,000	〃	15,000
	30	**次月繰越**		**15,000**		
			345,000	345,000		
7	1	前月繰越	15,000		借	15,000

10－7

小口現金出納帳

収入	20x1年		摘要	支払	内訳			
					通信費	旅費交通費	消耗品費	雑費
50,000	6	20	前週繰越					
		〃	切手・はがき代	6,500	6,500			
		21	タクシー代金	4,850		4,850		
		22	封筒・伝票代	6,750			6,750	
		23	お茶・コーヒー代	6,100				6,100
		24	電車・バス代	3,950		3,950		
			合計	28,150	6,500	8,800	6,750	6,100
28,150		〃	本日補給					
		〃	**次週繰越**	**50,000**				
78,150				78,150				
50,000	6	27	前週繰越					

10－8

	借方科目	金額	貸方科目	金額
(1)	旅費交通費 通信費 雑費	13,620 5,300 3,730	当座預金	22,650
(2)	旅費交通費 消耗品費	8,500 2,100	小口現金	10,600

第11章　商品勘定の処理

11－1

	借方科目	金額	貸方科目	金額
8/ 2	売掛金 発送費	165,000 5,500	売上 現金	165,000 5,500
5	仕入	87,000	買掛金	87,000
7	売上	3,300	売掛金	3,300
10	仕入	168,000	買掛金 現金	160,000 8,000
11	買掛金	8,000	仕入	8,000
15	現金 売掛金	63,000 30,000	売上	93,000
17	売掛金	125,000	売上 現金	120,000 5,000
28	売上	5,000	売掛金	5,000

仕入

借方		貸方	
8/ 5 買掛金	87,000	8/11 買掛金	8,000
10 諸口	168,000		

売上

借方		貸方	
8/ 7 売掛金	3,500	8/ 2 売掛金	165,000
28 売掛金	5,000	15 諸口	93,000
		17 売掛金	120,000

11－2

	借方科目	金額	貸方科目	金額
9/3	仕入	606,000	買掛金	600,000
			現金	6,000
6	買掛金	36,000	仕入	36,000
12	現金	120,000	売上	168,000
	売掛金	48,000		
16	仕入	305,500	買掛金	300,000
			現金	5,500
18	売上	28,000	売掛金	28,000
23	買掛金	50,000	仕入	50,000
27	売掛金	463,000	売上	463,000
29	売掛金	252,000	売上	252,000
	発送費	1,500	現金	1,500

仕　入　帳

20x1年		摘要		内訳	金額
9	3	佐賀商店	掛け		
		A型スマホ　15台　@¥18,000		270,000	
		B型スマホ　15〃　〃〃22,000		330,000	
		引取運賃　現金払い		6,000	606,000
	6	**佐賀商店**	**掛け戻し**		
		A型スマホ　2台　@¥18,000			**36,000**
	16	大分商事	掛け		
		C型スマホ　12台　@¥25,000		300,000	
		引取運賃　現金払い		5,500	305,500
	23	**大分商事**	**掛け戻し**		
		C型スマホ　2台　@¥50,000			**50,000**
	30		総仕入高		911,500
	〃		**仕入戻し高**		**86,000**
			純仕入高		825,500

売　上　帳

20x1年		摘要		内訳	金額
9	12	長崎商店	小切手及び掛け		
		B型スマホ　12台　@¥28,000			168,000
	18	**長崎商店**	**掛け戻り**		
		B型スマホ　1台　@¥28,000			**28,000**
	27	宮崎商店	掛け		
		A型スマホ　8台　@¥23,000		184,000	
		C型スマホ　9〃　〃〃31,000		279,000	463,000
	29	長崎商店	掛け		
		B型スマホ　9台　@¥28,000			252,000
	30		総売上高		883,000
	〃		**売上戻り高**		**28,000**
			純売上高		855,000

11－3

商品有高帳

①先入先出法　　ボールペン

20x1年		適要	受入			払出			残高		
			数量	単価	金額	数量	単価	金額	数量	単価	金額
1	1	前月繰越	30	320	9,600				30	320	9,600
	9	仕入れ	30	310	9,300				｛30	320	9,600
									30	310	9,300
	16	売上げ				｛30	320	9,600			
						10	310	3,100	20	310	6,200
	21	仕入れ	40	252	10,080				｛20	310	6,200
									40	252	10,080
	29	売上げ				｛20	310	6,200			
						10	252	2,520	30	252	7,560
	31	**次月繰越**				**30**	**252**	**7,560**			
			100		28,980	100		28,980			
2	1	前月繰越	30	252	7,560				30	252	7,560

商品有高帳

②移動平均法　　ボールペン

20x1年		適要	受入			払出			残高		
			数量	単価	金額	数量	単価	金額	数量	単価	金額
1	1	前月繰越	30	320	9,600				30	320	9,600
	9	仕入れ	30	310	9,300				60	315	18,900
	16	売上げ				40	315	12,600	20	315	6,300
	21	仕入れ	40	252	10,080				60	273	16,380
	29	売上げ				30	273	8,190	30	273	8,190
	31	**次月繰越**				**30**	**273**	**8,190**			
			100		28,980	**100**		28,980			
2	1	前月繰越	30	273	8,190				30	273	8,190

11－4

(1)

式：¥ 5,000（ 50 個）＋ ¥10,000（ 100 個）－ ¥ 1,000（ 10 個）
＝¥14,000（ 140 個）

よって、売れた個数は 140 個であり、売れた商品の原価は¥ 14,000 である。

(2)

商品売買益 ＝ 売れた商品の売価 － 売れた商品の原価
＝ ¥ 20,000（ 140 個） － ¥ 14,000（ 140 個）
＝ ¥ 6,000

よって、商品売買益は¥ 6,000 になる。

(3) （ 期首商品棚卸高 ）＋（ 仕入高 ）－（ 期末商品棚卸高 ）＝ 売上原価

（ 売上高 ）－（ 売上原価 ）＝ 商品売買益（損）

(4)

	借方科目	金額	貸方科目	金額
①	仕入	5,000	繰越商品	5,000
②	繰越商品	1,000	仕入	1,000
③	損益	14,000	仕入	14,000
④	売上	20,000	損益	20,000

繰越商品

1/1 前期繰越	5,000	①	5,000
②	1,000		

仕入

	10,000	②	1,000
①	5,000	③	14,000

売上

④	20,000		20,000

損益

③	14,000	④	20,000

第12章 売掛金と買掛金

12－1

	借方科目	金額	貸方科目	金額
5/6	売掛金	135,000	売上	135,000
9	売上	2,000	売掛金	2,000
15	現金 売掛金	120,000 200,000	売上	320,000
27	現金	220,000	売掛金	220,000

総勘定元帳

売掛金 1

20x1年		摘要	仕丁	借方	20x1年		摘要	仕丁	貸方
5	1	前期繰越	✓	200,000	5	9	売上	2	2,000
	6	売上	2	135,000		27	現金	〃	220,000
	15	売上	〃	200,000					

売掛金元帳

小田原商店 1

20x1年		摘要	借方	貸方	借または貸	残高
5	6	売上げ	135,000		借	135,000
	9	返品		2,000	〃	133,000
	31	**次月繰越**		**133,000**		
			135,000	135,000		
2	1	前月繰越	133,000		借	133,000

東京商店 2

20x1年		摘要	借方	貸方	借または貸	残高
5	1	前月繰越	200,000		借	200,000
	15	売上げ	200,000		〃	400,000
	27	回収		220,000	〃	180,000
	31	**次月繰越**		**180,000**		
			400,000	400,000		
6	1	前月繰越	180,000		借	180,000

12－2

	借方科目	金額	貸方科目	金額
6/ 6	仕入	450,000	当座預金 買掛金	100,000 350,000
14	仕入	230,000	買掛金	230,000
18	買掛金	5,000	仕入	5,000
25	買掛金	230,000	当座預金	230,000

総勘定元帳

買掛金 8

20x1年		摘要	仕丁	借方	20x1年		摘要	仕丁	貸方
6	18	仕入	3	5,000	6	1	前期繰越	✓	150,000
	25	当座預金	〃	230,000		6	仕入	3	350,000
						14	仕入	〃	230,000

買掛金元帳

徳島商店 1

20x1年		摘要	借方	貸方	借または貸	残高
6	6	仕入れ		350,000	貸	350,000
	25	支払い	230,000		〃	120,000
	30	**次月繰越**	**120,000**			
			350,000	350,000		
7	1	前月繰越		120,000	貸	120,000

香川商店　2

20x1年		摘要	借方	貸方	借または貸	残高
6	1	前月繰越		150,000	貸	150,000
	14	仕入れ		230,000	〃	380,000
	18	仕入戻し	5,000		〃	375,000
	30	**次月繰越**	**375,000**			
			380,000	380,000		
7	1	前月繰越		375,000	貸	375,000

12－3

	借方科目	金額	貸方科目	金額
(1)	クレジット売掛金 支払手数料	9,600 400	売上	10,000
(2)	当座預金	9,600	クレジット売掛金	9,600
(3)	クレジット売掛金 支払手数料	49,500 500	売上	50,000
(4)	普通預金	49,500	クレジット売掛金	49,500
(5)	仕入	37,500	買掛金	37,500
(6)	売掛金	149,700	売上 現金	148,500 1,200

第13章　貸倒損失と貸倒引当金

13－1

借方科目	金額	貸方科目	金額
貸倒引当金繰入	4,000	貸倒引当金	4,000

貸倒引当金繰入

借方		貸方	
12/31 貸倒引当金	4,000	12/31 損益	4,000

貸倒引当金

借方		貸方	
12/31 次期繰越	**6,400**	1/ 1 前期繰越	2,400
		12/31 貸倒引当金繰入	4,000
	6,400		6,400
		1/ 1 前期繰越	6,400

13－2

	借方科目	金額	貸方科目	金額
(1)	貸倒損失	20,000	売掛金	20,000
(2)	貸倒引当金	20,000	売掛金	20,000
(3)	貸倒引当金 貸倒損失	30,000 40,000	売掛金	70,000
(4)	貸倒引当金 貸倒損失	33,000 21,000	売掛金	54,000
(5)	現金	30,000	償却債権取立益	30,000

補章1　補充問題（1）

補1－1

仕　訳　帳

1

20x1年		摘要		元丁	借方	貸方
3	1	前期繰越高			3,450,000	3,450,000
	5	（仕　入）	諸　口		435,000	
			（当座預金）			130,000
			（買　掛　金）			305,000
	8	（売　掛　金）		3	497,000	
			（売　上）			497,000
	10	（売　掛　金）		3	90,000	
			（売　上）			90,000
	12	（売　上）			4,500	
			（売　掛　金）	3		4,500
			次ページへ	✓	4,476,500	4,476,500

仕　訳　帳

2

20x1年		摘要		元丁	借方	貸方
			前ページから	✓	4,476,500	4,476,500
3	15	（仕　入）			67,000	
			（買　掛　金）			67,000
	16	（買　掛　金）			6,700	
			（仕　入）			6,700
	20	（買　掛　金）			200,000	
			（当座預金）			200,000
	27	（現　金）			360,000	
			（売　掛　金）	3		360,000

総勘定元帳

売　掛　金

3

20x1年		摘要	仕丁	借方	20x1年		摘要	仕丁	貸方
3	1	前期繰越	✓	200,000	3	12	売　上	1	4,500
	8	売　上	1	497,000		27	現　金	2	360,000
	10	売　上	〃	90,000					

売　上　帳

1

20x1年		摘要		内訳	金額
3	8	徳島商店	掛け		
		A品　320個　@¥850		272,000	
		B品　250〃　〃〃900		225,000	497,000
	10	仙台商店	掛け		
		B品　100個　@¥900			90,000
	12	仙台商店	掛け戻り		
		B品　5個　@¥900			4,500
	31		総売上高		587,000
	〃		売上戻り高		4,500
			純売上高		582,500

仕　入　帳

1

20x1年		摘要		内訳	金額
3	5	郡山商店	小切手及び掛け		
		A品　350個　@¥500		175,000	
		B品　400〃　〃〃650		260,000	435,000
	15	北上商店	掛け		
		B品　100個　@¥670			67,000
	16	北上商店	掛け戻し		
		B品　10個　@¥670			6,700
	31		総仕入高		502,000
	〃		仕入戻し高		6,700
			純仕入高		495,300

売掛金元帳

福島商店　1

20x1年		摘要	借方	貸方	借貸	残高
3	8	売上	497,000		借	497,000
	27	回収		360,000	〃	137,000
	31	次月繰越		137,000		
			497,000	497,000		
4	1	前月繰越	137,000		借	137,000

仙台商店　2

20x1年		摘要	借方	貸方	借貸	残高
3	1	前月繰越	200,000		借	200,000
	10	売上	90,000		〃	290,000
	12	返品		4,500	〃	285,500
	31	次月繰越		285,500		
			290,000	290,000		
4	1	前月繰越	285,500		借	285,500

買掛金元帳

郡山商店　1

20x1年		摘要	借方	貸方	借貸	残高
3	5	仕入		305,000	貸	305,000
	20	支払い	200,000		〃	105,000
	31	**次月繰越**	**105,000**			
			305,000	305,000		
4	1	前月繰越		105,000	貸	105,000

北上商店　2

20x1年		摘要	借方	貸方	借貸	残高
3	1	前月繰越		40,000	貸	40,000
	15	仕入		67,000	〃	107,000
	16	返品	6,700		〃	100,300
	31	**次月繰越**	**100,300**			
			107,000	107,000		
4	1	前月繰越		100,300	貸	100,300

商品有高帳

（先入先出法）　A　品　単位：個

20x1年		適要	受入 数量	受入 単価	受入 金額	引渡 数量	引渡 単価	引渡 金額	残高 数量	残高 単価	残高 金額
3	1	前月繰越	30	490	14,700				30	490	14,700
	5	郡山商店	350	500	175,000				30	490	14,700
									350	500	175,000
	8	福島商店				30	490	14,700			
						290	500	145,000	60	500	30,000
	31	**次月繰越**				**60**	**500**	**30,000**			
			380		189,700	380		189,700			
4	1	前月繰越	60	500	30,000				60	500	30,000

補1－2

	借方科目	金額	貸方科目	金額
(1)	現金	16,000	有価証券利息	16,000
(2)	現金過不足	22,000	現金	22,000
(3)	広告宣伝費 雑損	19,000 3,000	現金過不足	22,000

補1－3

繰越商品

1/1	前期繰越	(560,000)	12/31	(仕入)	(560,000)
12/31	(仕入)	(763,000)	〃	(次期繰越)	(763,000)
		(1,323,000)			(1,323,000)

売上

	売上返品高	(60,000)		総売上高	(8,316,000)
12/31	(損益)	(8,256,000)			
		(8,316,000)			(8,316,000)

仕入

	総仕入高	(6,230,000)		仕入返品高	(140,000)
12/31	(繰越商品)	(560,000)	12/31	(繰越商品)	(763,000)
			〃	(損益)	(5,887,000)
		(6,790,000)			(6,790,000)

損益

12/31	(仕入)	(5,887,000)	12/31	(売上)	(8,256,000)

第14章 その他の債権・債務

14－1

		借方科目	金額	貸方科目	金額
(1)	福岡商店	貸付金	5,000,000	現金	5,000,000
	大分商店	現金	5,000,000	借入金	5,000,000
(2)	福岡商店	現金	5,112,500	受取利息 貸付金	112,500 5,000,000
	大分商店	支払利息 借入金	112,500 5,000,000	当座預金	5,112,500

14－2

	借方科目	金額	貸方科目	金額
(1)	貸付金	1,000,000	受取利息 当座預金	28,000 972,000
(2)	役員貸付金	1,000,000	当座預金	1,000,000

14－3

		借方科目	金額	貸方科目	金額
(1)	広島商会	現金 売掛金	700,000 800,000	売上	1,500,000
	山口商会	車両運搬具	1,500,000	現金 未払金	700,000 800,000
(2)	広島商会	現金	800,000	売掛金	800,000
	山口商会	未払金	800,000	当座預金	800,000
(3)	佐賀商事	未収入金	80,000	備品	80,000
	長崎商会	仕入	80,000	買掛金	80,000
(4)	佐賀商事	現金	80,000	未収入金	80,000
	長崎商会	買掛金	80,000	当座預金	80,000

14－4

		借方科目	金額	貸方科目	金額
福岡商店	(1)	前払金	50,000	現金	50,000
	(2)	仕入	305,000	前払金 現金	50,000 255,000
佐賀商店	(1)	現金	50,000	前受金	50,000
	(2)	現金 前受金	250,000 50,000	売上	300,000

14－5

	借方科目	金額	貸方科目	金額
(1)	従業員貸付金	70,000	現金	70,000
(2)	給料	1,850,000	従業員立替金 所得税預り金 現金	50,000 110,000 1,690,000
(3)	給料	1,200,000	所得税預り金 社会保険料預り金 当座預金	88,000 115,200 996,800
(4)	所得税預り金	110,000	現金	110,000
(5)	法定福利費 社会保険料預り金 従業員立替金	36,000 3,000 15,000	現金	54,000
(6)	現金 立替金	75,000 5,000	売上 現金	75,000 5,000

14－6

	借方科目	金額	貸方科目	金額
(1)	仮払金	140,000	現金	140,000
(2)	当座預金	800,000	仮受金	800,000
(3)	仮受金	800,000	売掛金 前受金 貸付金	350,000 250,000 200,000
(4)	旅費交通費	143,000	仮払金 普通預金	140,000 3,000
(5)	旅費交通費 現金	28,800 1,200	仮払金	30,000

14－7

	借方科目	金額	貸方科目	金額
(1)	受取商品券 現金	180,000 70,000	売上	250,000
(2)	備品	120,000	受取商品券 未払金	70,000 50,000
(3)	差入保証金 支払手数料	240,000 120,000	当座預金	360,000
(4)	受取商品券	70,000	売上 現金	62,500 7,500

第15章　手形の処理

15－1

	借方科目	金額	貸方科目	金額
(1)	受取手形	450,000	売上	450,000
(2)	仕入	300,000	支払手形	300,000
(3)	当座預金	450,000	受取手形	450,000
(4)	支払手形	300,000	当座預金	300,000
(5)	受取手形 支払手形	150,000 70,000	売掛金	220,000

15－2

支払手形記入帳

20x1年		摘要	金額	手形種類	手形番号	受取人	振出人または裏書人	振出日		満期日		支払場所	てん末		
								月	日	月	日		月	日	摘要
8	1	買掛金	60,000	約手	9	A商店	当店	8	1	10	31	N銀行	10	31	決済
9	1	仕入	600,000	約手	10	C商店	当店	9	1	11	30	N銀行	11	30	決済

15－3

受取手形記入帳

20x1年		摘要	金額	手形種類	手形番号	支払人	振出人または裏書人	振出日		満期日		支払場所	てん末		
								月	日	月	日		月	日	摘要
6	1	売掛金	60,000	約手	7	D商店	D商店	6	1	8	31	S銀行	8	31	決済
7	15	売上	245,000	約手	18	E商店	E商店	7	15	9	30	N銀行			

15－4

	借方科目	金額	貸方科目	金額
(1)	電子記録債権	100,000	売掛金	100,000
(2)	買掛金	230,000	電子記録債務	230,000
(3)	当座預金	56,000	電子記録債権	56,000
(4)	電子記録債務	140,000	当座預金	140,000
(5)	現金 電子記録債権売却損	132,000 8,000	電子記録債権	140,000
(6)	買掛金	86,000	電子記録債権	86,000

15－5

	借方科目	金額	貸方科目	金額
(1)	手形貸付金	250,000	現金	250,000
(2)	手形貸付金	500,000	受取利息 当座預金	20,000 480,000
(3)	当座預金	500,000	手形貸付金	500,000
(4)	現金 支払利息	300,000 6,000	手形借入金	306,000
(5)	手形借入金	306,000	普通預金	306,000

第16章　有価証券

16－1

	借方科目	金額	貸方科目	金額
(1)	有価証券	600,000	当座預金	600,000
(2)	現金 有価証券売却損	550,000 50,000	有価証券	600,000
(3)	有価証券	1,940,000	当座預金	1,940,000
(4)	現金	990,000	有価証券 有価証券売却益	970,000 20,000
(5)	有価証券	4,400,000	当座預金	4,400,000
(6)	有価証券	2,120,000	当座預金	2,120,000
(7)	現金	780,000	有価証券 有価証券売却益	650,000 130,000
(8)	当座預金 有価証券売却損	1,500,000 100,000	有価証券	1,600,000

第17章　固定資産と減価償却の処理

17－1

	借方科目	金額	貸方科目	金額
(1)	土地	6,460,000	当座預金	6,460,000
(2)	建物	6,735,000	当座預金	6,500,000
			現金	235,000
(3)	備品	759,000	当座預金	375,000
			未払金	375,000
			現金	9,000
(4)	建物	7,485,000	未払金	7,485,000
(5)	備品	483,000	当座預金	450,000
			現金	33,000
(6)	車両運搬具	1,500,000	当座預金	1,500,000
(7)	備品	120,200	当座預金	115,000
			現金	5,200
(8)	建物	8,883,000	当座預金	8,800,000
			現金	83,000

17－2

備品

日付	摘要	金額	日付	摘要	金額
4/1	当座預金	400,000	3/31	**次期繰越**	**400,000**
4/1	前期繰越	400,000	3/31	**次期繰越**	**400,000**
4/1	前期繰越	400,000	4/1	諸口	400,000

備品減価償却累計額

日付	摘要	金額	日付	摘要	金額
3/31	**次期繰越**	**45,000**	3/31	減価償却費	45,000
3/31	**次期繰越**	**90,000**	4/1	前期繰越	45,000
			3/31	減価償却費	45,000
		90,000			90,000
4/1	備品	90,000	4/1	前期繰越	90,000

減価償却費

日付	摘要	金額	日付	摘要	金額
4/1	備品減価償却累計額	45,000	3/31	損益	45,000
4/1	備品減価償却累計額	45,000	3/31	損益	45,000

固定資産売却損

日付	摘要	金額	日付	摘要	金額
4/1	備品	30,000			

17－3

固定資産台帳

2x06年3月31日現在

取得年月日	用途	期末数量	耐用年数	期首(期中取得)取得原価	期首減価償却累計額	差引期首（期中取得）帳簿価額	当期減価償却費
備品							
2x01年4月1日	備品A	2	6年	600,000	400,000	200,000	100,000
2x03年10月1日	備品B	1	5年	420,000	126,000	294,000	84,000
2x05年8月1日	備品C	3	8年	960,000	0	960,000	80,000
小計				1,980,000	526,000	1,454,000	264,000

17－4

	借方科目	金額	貸方科目	金額
(1)	備品減価償却累計額 現金 未収入金	250,000 100,000 200,000	備品 固定資産売却益	500,000 50,000
(2)	備品減価償却累計額 未収入金 固定資産売却損	180,000 100,000 20,000	備品	300,000
(3)	建物減価償却累計額 未収入金	648,000 600,000	建物 固定資産売却益	1,200,000 48,000
(4)	備品減価償却累計額 減価償却費 未収入金 固定資産売却損	350,000 12,500 80,000 57,500	備品	500,000
(5)	未収入金 支払手数料	6,000,000 300,000	土地 固定資産売却益 現金	5,000,000 1,000,000 300,000

第18章　税金の処理

18－1

	借方科目	金額	貸方科目	金額
(1)	租税公課	32,000	当座預金	32,000
(2)	通信費 租税公課	10,890 11,800	現金	22,690
(3)	仮払法人税等	230,000	現金	230,000
(4)	法人税等	480,000	仮払法人税等 未払法人税等	220,000 260,000
(5)	未払法人税等	123,000	普通預金	123,000
(6)	所得税預り金 未払法人税等	70,000 120,000	現金	190,000
(7)	未払法人税等	450,000	普通預金	450,000

18－2

	借方科目	金額	貸方科目	金額
(1)	仕入 仮払消費税	200,000 20,000	当座預金	220,000
(2)	現金	357,500	売上 仮受消費税	325,000 32,500
(3)	現金 クレジット売掛金	10,000 9,250	売上 仮受消費税	17,500 1,750
(4)	仮受消費税	32,000	仮払消費税 未払消費税	24,000 8,000

第19章　資本金の処理

19－1

	借方科目	金額	貸方科目	金額
(1)	現金	5,000,000	資本金	5,000,000
(2)	現金	3,000,000	資本金	3,000,000
(3)	普通預金	1,000,000	資本金	1,000,000
(4)	当座預金	750,000	資本金	750,000
(5)	損益	800,000	繰越利益剰余金	800,000
(6)	繰越利益剰余金	198,000	未払配当金 利益準備金	180,000 18,000
(7)	繰越利益剰余金	146,000	損益	146,000
(8)	繰越利益剰余金	165,000	未払配当金 利益準備金	150,000 15,000
(9)	未払配当金	23,000	当座預金	23,000

19－2

a	仕入	ア	4,700,000	b	売上	イ	6,320,000
c	繰越利益剰余金	ウ	418,000	d	次期繰越	エ	3,500,000
e	次期繰越	オ	634,000	f	損益	カ	418,000

第20章　試算表の作成

20－1

合計残高試算表

20x1年10月31日

借方		勘定科目	貸方	
残　高	合　計		合　計	残　高
574,900	1,129,900	現金	555,000	
455,000	580,000	普通預金	125,000	
	1,133,000	当座預金	1,395,000	262,000
625,000	1,255,000	受取手形	630,000	
340,000	980,000	売掛金	640,000	
352,000	406,000	クレジット売掛金	54,000	
280,000	280,000	繰越商品		
	60,000	仮払金	60,000	
130,000	130,000	前払金		
332,000	442,000	貸付金	110,000	
866,000	866,000	備品		
	950,000	支払手形	1,068,000	118,000
	757,000	買掛金	1,024,000	267,000
	75,000	仮受金	75,000	
		前受金	75,000	75,000
	166,000	未払金	166,000	
	400,000	借入金	420,000	20,000
		貸倒引当金	8,000	8,000
		備品減価償却累計額	225,000	225,000
		資本金	2,000,000	2,000,000
		繰越利益剰余金	200,000	200,000
	62,000	売上	4,043,000	3,981,000
		受取利息	13,400	13,400
		雑益	5,000	5,000
2,248,000	2,269,000	仕入	21,000	
859,000	859,000	給料		
56,500	56,500	旅費交通費		
45,000	45,000	支払保険料		
11,000	11,000	支払利息		
7,174,400	12,912,400		12,912,400	7,174,400

20－2

合計残高試算表

20x1年8月31日

借方残高	借方合計	勘定科目	貸方合計	貸方残高
270,000	870,000	現金	600,000	
267,000	920,000	当座預金吹田銀行	653,000	
142,000	630,000	当座預金淀銀行	488,000	
440,000	1,120,000	受取手形	680,000	
227,000	1,110,000	売掛金	883,000	
103,000	520,000	電子記録債権	417,000	
400,000	400,000	繰越商品		
160,000	160,000	備品		
	300,000	支払手形	680,000	380,000
	700,000	買掛金	880,000	180,000
	450,000	電子記録債務	520,000	70,000
		所得税預り金	6,000	6,000
	100,000	借入金	260,000	160,000
		資本金	1,000,000	1,000,000
		繰越利益剰余金	140,000	140,000
		売上	1,540,000	1,540,000
1,120,000	1,120,000	仕入		
246,000	246,000	給料		
32,000	32,000	水道光熱費		
60,000	60,000	支払家賃		
9,000	9,000	支払利息		
3,476,000	8,747,000		8,747,000	3,476,000

売掛金明細表

	8/25現在	8/31現在
大阪商店	142,000	62,000
神戸商店	95,000	165,000
	237,000	227,000

買掛金明細表

	8/25現在	8/31現在
青森商店	85,000	55,000
秋田商店	65,000	125,000
	150,000	180,000

補章2　補充問題（2）

補2－1

備　品

07/4/ 1	前期繰越	（ 528,000）	07/12/22	諸口	（ 336,000）
07/6/18	当座預金	（ 576,000）	**08/3/31**	**次期繰越**	（ **768,000**）
		（ 1,104,000）			（ 1,104,000）

備品減価償却累計額

07/12/22	備品	（ 112,000）	07/4/1	前期繰越	（ 128,000）
08/3/31	**次期繰越**	（ **114,400**）	08/3/31	減価償却費	（ 98,400）
		（ 226,400）			（ 226,400）

減価償却費

07/12/22	備品	（ 42,000）	08/3/31	損益	（ 140,400）
08/3/31	備品減価償却累計額	（ 98,400）			
		（ 140,400）			（ 140,400）

固定資産売却損

07/12/22	備品	（ 2,000）	08/3/31	損益	（ 2,000）

補2－2

	借方科目	金額	貸方科目	金額
7/ 5	買掛金	420,000	支払手形	420,000
7/20	受取手形	250,000	売掛金	250,000
7/30	支払手形	120,000	当座預金	120,000
7/31	当座預金	150,000	受取手形	150,000

補2－3

		借方科目	金額	貸方科目	金額
(1)		旅費交通費 現金	28,540 1,460	仮払金	30,000
(2)		支払手数料 差入保証金 支払家賃	70,000 280,000 140,000	普通預金	490,000
(3)	8/15	買掛金	200,000	普通預金	200,000
	8/18	普通預金	230,000	現金	230,000
	8/20	普通預金 支払手数料	456,500 500	売掛金	457,000
	8/25	給料 支払手数料	922,000 1,000	所得税預り金 普通預金	80,000 843,000

補2－4

合計残高試算表

20x1年5月31日

借方残高	借方合計	勘定科目	貸方合計	貸方残高
176,000	486,000	現金	310,000	
234,000	730,000	普通預金	496,000	
245,000	1,005,000	当座預金	760,000	
290,000	720,000	受取手形	430,000	
585,000	1,730,000	売掛金	1,145,000	
120,000	120,000	繰越商品		
210,000	300,000	備品	90,000	
	320,000	支払手形	530,000	210,000
	610,000	買掛金	990,000	380,000
	150,000	借入金	300,000	150,000
	45,000	減価償却累計額	135,000	90,000
		資本金	600,000	600,000
		繰越利益剰余金	56,000	56,000
		売上	1,880,000	1,880,000
1,040,000	1,140,000	仕入	100,000	
285,000	285,000	給料		
140,000	140,000	支払家賃		
26,000	26,000	支払利息		
5,000	5,000	減価償却費		
10,000	10,000	固定資産売却損		
3,366,000	7,822,000		7,822,000	3,366,000

売掛金明細表

	5/25現在	5/31現在
札幌商店	150,000	110,000
仙台商店	250,000	350,000
前橋商店	200,000	125,000
	600,000	585,000

買掛金明細表

	5/25現在	5/31現在
金沢商店	100,000	90,000
鳥取商店	200,000	130,000
下関商店	150,000	160,000
	450,000	380,000

第21章　決算整理＜商品・減価償却＞

21－1

	借方科目	金額	貸方科目	金額
(1)	雑損	5,000	現金過不足	5,000
(2)	現金過不足	9,000	受取手数料 雑益	5,200 3,800
(3)	水道光熱費 雑損	4,800 3,200	現金	8,000

21－2

	借方科目	金額	貸方科目	金額
3/31	当座預金	125,000	当座借越	125,000
4/ 1	当座借越	125,000	当座預金	125,000

当座預金

摘要	金額	摘要	金額
	220,000		345,000
3/31 当座借越	125,000		
	345,000		345,000
		4/1 当座借越	125,000

当座借越

摘要	金額	摘要	金額
3/31 次期繰越	125,000	3/31 当座預金	125,000
4/1 当座預金	125,000	4/1 前期繰越	125,000

21－3

借方科目	金額	貸方科目	金額
仕入	40,000	繰越商品	40,000
繰越商品	60,000	仕入	60,000

繰越商品

摘要	金額	摘要	金額
4/1 前期繰越	40,000	3/31 仕入	40,000
3/31 仕入	60,000	〃 **次期繰越**	**60,000**
	100,000		100,000
4/1 前期繰越	60,000		

仕入

摘要	金額	摘要	金額
諸口	680,000	3/31 繰越商品	60,000
4/1 繰越商品	40,000	〃 損益	660,000
	720,000		720,000

21－4

借方科目	金額	貸方科目	金額
売上原価	56,000	繰越商品	56,000
売上原価	632,000	仕入	632,000
繰越商品	68,000	売上原価	68,000

21－5

	借方科目	金額	貸方科目	金額
決算整理	貸倒引当金繰入	1,100	貸倒引当金	1,100
振替仕訳	損益	1,100	貸倒引当金繰入	1,100

売掛金			
	120,000		

貸倒引当金			
			2,500
		3/31 貸倒引当金繰入	1,100

貸倒引当金繰入			
3/31 貸倒引当金	1,100	12/31 損益	1,100

損益			
3/31 貸倒引当金繰入	1,100		

21－6

借方科目	金額	貸方科目	金額
減価償却費	7,500	備品減価償却累計額	7,500

備品			
4/1 前期繰越	60,000	3/31 次期繰越	60,000
4/1 前期繰越	60,000		

備品減価償却累計額			
3/31 次期繰越	15,000	4/1 前期繰越	7,500
		3/31 減価償却費	7,500
	15,000		15,000
		4/1 前期繰越	15,000

減価償却費			
3/31 備品減価償却累計額	7,500	3/31 損益	7,500

21－7

借方科目	金額	貸方科目	金額
減価償却費	121,250	建物減価償却累計額	90,000
		備品減価償却累計額	31,250

21－8

	借方科目	金額	貸方科目	金額
(1)	法人税等	185,000	未払法人税	185,000
(2)	法人税等	226,000	仮払法人税等	112,000
			未払法人税等	114,000

21－9

	借方科目	金額	貸方科目	金額
1	租税公課	8,000	現金過不足	12,000
	通信費	1,200		
	雑損	2,800		
2	当座預金	180,000	当座借越	180,000
3	貸倒引当金繰入	6,000	貸倒引当金	6,000
4	仕入	180,000	繰越商品	180,000
	繰越商品	230,000	仕入	230,000
5	減価償却費	36,000	備品減価償却累計額	36,000
6	法人税等	69,000	未払法人税等	69,000

貸 借 対 照 表

沖縄商店（株）　　20x5年3月31日

資　　産		金　　額	負債および資本	金　　額
現　　金		86,000	支払手形	184,000
普通預金		283,000	買掛金	478,000
受取手形（	226,000)		当座借越	180,000
貸倒引当金（	6,780)	219,220	未払法人税等	69,000
売　掛　金（	574,000)		資本金	500,000
貸倒引当金（	17,220)	556,780	繰越利益剰余金	201,000
商　　品		230,000		
備　　品（	288,000)			
減価償却累計額（	51,000)	237,000		
		1,612,000		1,612,000

損 益 計 算 書

沖縄商店（株）　　20x4年4月1日から20x5年3月31日まで

費　　用	金　　額	収　　益	金　　額
売上原価	674,000	売上高	1,260,000
給料	250,000	受取手数料	42,000
貸倒引当金繰入	6,000		
減価償却費	36,000		
支払家賃	56,000		
通信費	25,200		
租税公課	8,000		
雑費	12,000		
雑損	2,800		
法人税等	69,000		
当期純利益	**163,000**		
	1,302,000		1,302,000

第22章　決算整理＜収益・費用の前受け・前払いと未収・未払い＞

22－1

	借方科目	金　　額	貸方科目	金　　額
1/1	現金	108,000	受取地代	108,000
3/31	受取地代	81,000	前受地代	81,000
	受取地代	27,000	損益	27,000
1/1	前受地代	81,000	受取地代	81,000

受取地代

3/31	前受地代	81,000	1/ 1	現金	108,000
〃	損益	27,000			
		108,000			108,000
			4/ 1	前受地代	81,000

前受地代

3/31	**次期繰越**	**81,000**	3/31	受取地代	81,000
4/ 1	受取地代	81,000	4/ 1	前期繰越	81,000

22－2

	借方科目	金額	貸方科目	金額
11/ 1	支払保険料	96,000	現金	96,000
3/31	前払保険料	56,000	支払保険料	56,000
	損益	40,000	支払保険料	40,000
4/ 1	支払保険料	56,000	前払保険料	56,000

支払保険料

11/ 1	現金	96,000	3/31	前払保険料	56,000
			〃	損益	40,000
		96,000			96,000
4/ 1	前払保険料	56,000			

前払保険料

3/31	支払保険料	56,000	**3/31**	**次期繰越**	**56,000**
4/ 1	前期繰越	56,000	4/ 1	支払保険料	56,000

22－3

	借方科目	金額	貸方科目	金額
3/31	未収利息	4,000	受取利息	4,000
	受取利息	16,000	損益	16,000
4/ 1	受取利息	4,000	未収利息	4,000
7/31	当座預金	12,000	受取利息	12,000

受取利息

3/31	損益	16,000		諸口	12,000
			3/31	未収利息	4,000
		16,000			16,000
4/ 1	未収利息	4,000	7/31	当座預金	12,000

未収利息

3/31	受取利息	4,000	**3/31**	**次期繰越**	**4,000**
4/ 1	前期繰越	4,000	4/ 1	受取利息	4,000

22－4

	借方科目	金額	貸方科目	金額
3/31	給料	50,000	未払給料	50,000
	損益	1,310,000	給料	1,310,000
4/ 1	未払給料	50,000	給料	50,000
4/27	給料	104,000	当座預金	104,000

給料

	諸口	1,260,000	3/31	損益	1,310,000
3/31	未払給料	50,000			
		1,310,000			1,310,000
4/27	当座預金	104,000	4/ 1	未払給料	50,000

未払給料

3/31	**次期繰越**	**50,000**	3/31	給料	50,000
4/ 1	給料	50,000	4/ 1	前期繰越	50,000

22－5

	借方科目	金額	貸方科目	金額
3/31	貯蔵品	68,000	消耗品費	68,000
〃	損益	257,000	消耗品費	257,000
4/ 1	消耗品費	68,000	貯蔵品	68,000

貯蔵品

借方		貸方	
3/31 消耗品費	68,000	**3/31 次期繰越**	**68,000**
4/ 1 前期繰越	68,000	4/ 1 消耗品費	68,000

消耗品費

借方		貸方	
（買入高）	325,000	3/31 貯蔵品	68,000
		〃 損益	257,000
	325,000		325,000
4/ 1 貯蔵品	68,000		

22－6

借方科目	金額	貸方科目	金額
仮受消費税	328,000	仮払消費税	235,000
		未払消費税	93,000

仮払消費税

借方		貸方	
諸口	235,000	3/31 仮受消費税	235,000

仮受消費税

借方		貸方	
3/31 諸口	328,000	諸口	328,000

未払消費税

借方		貸方	
3/31 次期繰越	**93,000**	3/31 仮受消費税	93,000
		4/ 1 前期繰越	93,000

22－7

	借方科目	金額	貸方科目	金額
1	貸倒引当金繰入	1,800	貸倒引当金	1,800
2	仕入	55,000	繰越商品	55,000
	繰越商品	48,000	仕入	48,000
3	減価償却費	15,400	建物減価償却累計額	5,400
			備品減価償却累計額	10,000
4	前払保険料	10,500	保険料	10,500
5	未収地代	2,100	受取地代	2,100
6	法定福利費	1,300	未払法定福利費	1,300
7	貯蔵品	2,200	消耗品費	2,200
8	仮受消費税	54,800	仮払消費税	25,600
			未払消費税	29,200
9	法人税等	54,000	未払法人税等	54,000

損益計算書

佐賀商会（株）　　20x1年4月1日から20x2年3月31日まで

費用	金額	収益	金額
（売上原価）	352,000	売上高	685,000
給料	110,000	受取地代	14,800
宣伝広告費	12,000		
（貸倒引当金繰入）	1,800		
（減価償却費）	15,400		
保険料	7,500		
消耗品費	6,000		
水道光熱費	32,000		
法定福利費	13,300		
支払利息	1,800		
法人税等	54,000		
当期純（利益）	94,000		
	699,800		699,800

貸借対照表

佐賀商会（株）　　20x2年3月31日

資産		金額	負債および資本	金額
現金		68,700	買掛金	98,000
当座預金		96,000	借入金	186,000
売掛金	(140,000)		（未払費用）	1,300
貸倒引当金	(2,800)	137,200	（未払消費税）	29,200
商品		48,000	（未払法人税等）	54,000
（貯蔵品）		2,200	資本金	200,000
（前払費用）		10,500	繰越利益剰余金	39,000
（未収収益）		2,100	当期純（利益）	94,000
建物	(150,000)			
減価償却累計額	(43,200)	106,800		
備品	(50,000)			
減価償却累計額	(20,000)	30,000		
土地		200,000		
		701,500		701,500

第23章　総合問題＜精算表＞

23－1

	借方科目	金額	貸方科目	金額
1	通信費 雑損	2,000 1,000	現金過不足	3,000
2	売上	20,000	前受金	20,000
3	貸倒引当金繰入	5,000	貸倒引当金	5,000
4	仕入	180,000	繰越商品	180,000
	繰越商品	203,000	仕入	203,000
5	減価償却費	114,000	建物減価償却累計額 備品減価償却累計額	54,000 60,000
6	仮受消費税	374,000	仮払消費税 未払消費税	192,000 182,000
7	前払宣伝広告費	15,000	宣伝広告費	15,000
8	受取手数料	8,000	前受手数料	8,000
9	支払利息	3,500	未払利息	3,500
10	法人税等	370,000	未払法人税等	370,000

精　算　表

勘定科目	残高試算表		整理記入		損益計算書		貸借対照表	
	借　方	貸　方	借　方	貸　方	借　方	貸　方	借　方	貸　方
現　　金	311,000						311,000	
現金過不足	3,000			3,000				
普通預金	684,000						684,000	
当座預金	743,000						743,000	
受取手形	120,000						120,000	
売　掛　金	240,000						240,000	
仮払消費税	192,000			192,000				
繰越商品	180,000		203,000	180,000			203,000	
建　　物	1,800,000						1,800,000	
備　　品	300,000						300,000	
支払手形		182,000						182,000
買　掛　金		139,000						139,000
仮受消費税		374,000	374,000					
借　入　金		200,000						200,000
貸倒引当金		2,200		5,000				7,200
建物減価償却累計額		324,000		54,000				378,000
備品減価償却累計額		120,000		60,000				180,000
資　本　金		2,000,000						2,000,000
繰越利益剰余金		50,000						50,000
売　　上		4,680,000	20,000			4,660,000		
受取手数料		104,000	8,000			96,000		
仕　　入	2,400,000		180,000	203,000	2,377,000			
給　　料	870,000				870,000			
宣伝広告費	230,000			15,000	215,000			
通　信　費	90,000		2,000		92,000			
保　険　料	12,200				12,200			
雑　（損）			1,000		1,000			
（前受金）				20,000				20,000
貸倒引当金繰入			5,000		5,000			
減価償却費			114,000		114,000			
未払消費税				182,000				182,000
(前払)宣伝広告費			15,000				15,000	
(前受)手数料				8,000				8,000
支払利息			3,500		3,500			
（未払）利息				3,500				3,500
未払法人税等				370,000				370,000
法人税等			370,000		370,000			
当期純(利益)					696,300			696,300
	8,175,200	8,175,200	1,295,500	1,295,500	4,756,000	4,756,000	4,416,000	4,416,000

23－2

精　算　表

勘定科目	残高試算表		整理記入		損益計算書		貸借対照表	
	借　方	貸　方	借　方	貸　方	借　方	貸　方	借　方	貸　方
現　　　金	325,870			4,900			320,970	
当座預金	224,630		180,000				404,630	
受取手形	384,000			180,000			204,000	
売　掛　金	246,000						246,000	
繰越商品	196,000		235,000	196,000			235,000	
仮　払　金	162,000			162,000				
仮払法人税等	32,000			32,000				
建　　　物	1,500,000						1,500,000	
備　　　品	315,000		162,000				477,000	
支払手形		155,000						155,000
買　掛　金		208,600						208,600
借　入　金		300,000						300,000
貸倒引当金		2,800		5,600				
				5,100				13,500
建物減価償却累計額		598,500		45,000				643,500
備品減価償却累計額		227,500		61,500				289,000
資　本　金		1,400,000						1,400,000
繰越利益剰余金		126,000						126,000
売　　　上		3,665,070				3,665,070		
受取家賃		98,000	14,000			84,000		
仕　　　入	2,695,000		196,000	235,000	2,656,000			
給　　　料	694,470				694,470			
貸倒損失	3,500		5,600		9,100			
支払利息	3,000		6,000		9,000			
	6,781,470	6,781,470						
雑　　　損			4,900		4,900			
貸倒引当金繰入			5,100		5,100			
減価償却費			106,500		106,500			
(前受)家賃				14,000				14,000
(未払)利息				6,000				6,000
未払法人税等				47,000				47,000
法人税等			79,000		79,000			
当期純利益					185,000			185,000
			994,100	994,100	3,749,070	3,749,070	3,387,600	3,387,600

24－1

入　金　伝　票

20x1年1月9日　　No. 1

科目	受取手数料	入金先	佐渡商店　殿
摘　　要		金　　額	
商品売買仲介		50000	
合　　計		50000	

出　金　伝　票

20x1年1月9日　　No. 1

科目	当座預金	支払先	第一銀行　殿
摘　　要		金　　額	
預け入れ		70000	
合　　計		70000	

振　替　伝　票

20x1年1月9日　　No. 1

勘定科目	金　　額	勘定科目	金　　額
当　座　預　金	100000	貸　付　金	100000
合　　計	100000	合　　計	100000
摘要	三宅商店　小切手受取り　当座預金預け入れ		

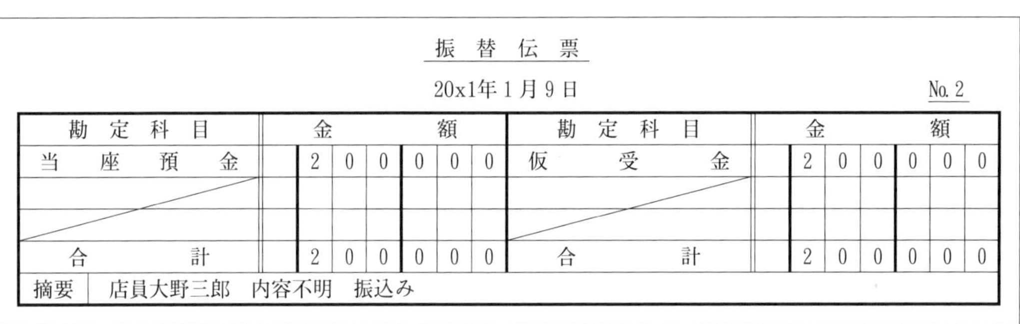

振　替　伝　票

20x1年1月9日　　No. 2

勘定科目	金　　額	勘定科目	金　　額
当　座　預　金	200000	仮　受　金	200000
合　　計	200000	合　　計	200000
摘要	店員大野三郎　内容不明　振込み		

24－2

	借方科目	金　額	貸方科目	金　額
10/ 4	仮　払　金	76,000	現　　金	76,000
10/ 6	現　　金	40,000	売　掛　金	40,000

24－3

(1)

（出　金）伝　票	
20x3年6月4日	
仕　　　入	40,000

（振　替）伝　票			
20x3年6月4日			
借方科目	金　　額	貸方科目	金　　額
（仕入）	（120,000）	（買掛金）	（120,000）

(2)

（出　金）伝　票	
20x3年6月4日	
（買掛金）	（40,000）

（振　替）伝　票			
20x3年6月4日			
借方科目	金　　額	貸方科目	金　　額
（仕入）	160,000	買掛金	160,000

24－4

(1)

振替伝票			
借方科目	金　額	貸方科目	金　額
売掛金	140,000	売　上	140,000

(2)

振替伝票			
借方科目	金　額	貸方科目	金　額
売掛金	200,000	売　上	200,000

24－5

仕訳集計表

20x1年6月1日

借　　方	元丁	勘定科目	貸　　方
500,000	（省略）	現金	257,000
165,000		当座預金	280,000
320,000		受取手形	
656,000		売掛金	515,000
150,000		未収入金	
		備品	210,000
105,000		減価償却累計額	
245,000		支払手形	205,000
432,000		買掛金	282,000
		借入金	100,000
		売上	976,000
		受取手数料	15,000
		固定資産売却益	45,000
282,000		仕入	10,000
12,000		消耗品費	
26,000		水道光熱費	
2,000		支払利息	
2,895,000			2,895,000

22－6

	現金出納帳	当座預金出納帳	仕入帳	売上帳	商品有高帳	受取手形記入帳	支払手形記入帳	得意先元帳（売掛金元帳）	仕入先元帳（買掛金元帳）
11/5		○	○		○		○		
12				○	○	○		○	
14	○		○		○				
28			○		○				○
29		○		○	○	○		○	
30	○	○							

補章3　補充問題（3）

補3－1

損　　益

3/31	仕入	（　3,820,000）	3/31	売上高	（　6,171,000）
〃	給料	1,530,000	〃	受取手数料	210,000
〃	貸倒引当金繰入	6,000			
〃	減価償却費	80,000			
〃	宣伝広告費	110,000			
〃	水道光熱費	120,000			
〃	支払家賃	78,000			
〃	支払利息	14,000			
〃	法人税等	171,000			
〃	（繰越利益剰余金）	（　452,000）			
		（　6,381,000）			（　6,381,000）

資　本　金

3/31	次期繰越	（　**3,400,000**）	4/1	前期繰越	3,000,000
			7/1	繰越利益剰余金	400,000
		（　3,400,000）			（　3,400,000）

繰越利益剰余金

7/1	資本金	400,000	4/1	前期繰越	526,000
3/31	次期繰越	（　**578,000**）	3/31	（　損益　）	（　452,000）
		（　978,000）			（　978,000）

補3－2

決算整理後残高試算表

20x9年3月31日

借　方	勘定科目	貸　方
340,000	現　　　金	
260,000	普　通　預　金	
486,000	当　座　預　金	
365,000	受　取　手　形	
535,000	売　掛　金	
480,000	繰　越　商　品	
30,000	前　払　金	
30,000	貯　蔵　品	
42,000	（前払）保険料	
3,500,000	建　　　物	
500,000	備　　　品	
	支　払　手　形	408,000
	買　掛　金	328,800
	（前受）手数料	36,000
	（未払）消費税	241,200
	（未払）利息	5,500
	未払法人税等	316,000
	借　入　金	600,000
	貸　倒　引　当　金	27,000
	建物減価償却累計額	1,455,000
	備品減価償却累計額	375,000
	資　本　金	2,000,000
	繰越利益剰余金	258,000
	売　　　上	9,895,000
	受　取　手　数　料	180,000
7,353,000	仕　　　入	
890,000	給　　　料	
15,000	貸倒引当金繰入	
167,500	減　価　償　却　費	
340,000	支　払　家　賃	
182,000	旅　費　交　通　費	
126,000	租　税　公　課	
138,000	保　険　料	
3,000	雑　（　損　）	
27,000	支　払　利　息	
316,000	法　人　税　等	
16,125,500		16,125,500

補3－3

受取家賃

日付		摘要	仕丁	借方	日付		摘要	仕丁	貸方
3	31	前受家賃	省略	90,000	4	1	前受家賃	省略	90,000
	〃	損益		360,000	7	1	現金		360,000
				450,000					450,000

前受家賃

日付		摘要	仕丁	借方	日付		摘要	仕丁	貸方
4	1	受取家賃	省略	90,000	4	1	前期繰越	省略	90,000
3	31	次期繰越		90,000	3	31	受取家賃		90,000
				180,000					180,000

補3－4

イ	ロ	ハ	a	b
前払保険料	損益	次期繰越	11,000	32,000

補3－5

(1)

記号	借方		貸方	
	勘定科目	金額	勘定科目	金額
a	仕入	482,000	繰越商品	482,000
	繰越商品	320,000	仕入	320,000
b	貸倒引当金繰入	36,000	貸倒引当金	36,000
c	減価償却費	45,000	備品減価償却累計額	45,000
d	前払家賃	35,000	支払家賃	35,000
e	貯蔵品	36,000	通信費	12,000
			租税公課	24,000
f	支払利息	3,500	未払利息	3,500
g	法人税等	164,000	仮払法人税等	90,000
			未払法人税等	74,000

(2)

損益計算書

関西商会　　20x1年4月1日から20x2年3月31日まで

費用	金額	収益	金額
売上原価	(5,158,000)	売上高	(7,450,000)
給料	(980,000)	受取地代	(34,000)
貸倒引当金繰入	(36,000)		
減価償却費	(45,000)		
通信費	(20,000)		
租税公課	(96,000)		
支払家賃	(420,000)		
保険料	(124,000)		
雑費	(48,000)		
支払利息	(21,000)		
法人税等	(164,000)		
当期純(利益)	(372,000)		
	(7,484,000)		(7,484,000)

貸借対照表

関西商会　　20x2年3月31日

資産	金額		負債および純資産	金額
現金		(698,000)	支払手形	(530,000)
普通預金		(476,000)	買掛金	(631,000)
当座預金		(1,265,000)	借入金	(350,000)
受取手形	(720,000)		所得税預り金	(44,000)
(貸倒引当金)	(14,400)	(705,600)	未払費用	(3,500)
売掛金	(1,980,000)		未払法人税等	(74,000)
(貸倒引当金)	(39,600)	(1,940,400)	資本金	(3,500,000)
商品		(320,000)	繰越利益剰余金	(523,500)
貯蔵品		(36,000)		
前払費用		(35,000)		
備品	(360,000)			
(減価償却累計額)	(180,000)	(180,000)		
		(5,656,000)		(5,656,000)

補3－6

損益計算書

20x1年4月1日から20x2年3月31日まで　（単位：円）

費用	金額	収益	金額
売上原価	(6,877,000)	売上高	(9,872,000)
給料	(1,223,000)	受取手数料	(88,500)
貸倒引当金繰入	(8,000)	受取家賃	(26,000)
減価償却費	(167,000)	受取利息	(6,000)
旅費交通費	(214,000)	雑益	(1,500)
消耗品費	(142,000)		
保険料	(105,000)		
支払地代	(540,000)		
支払利息	(52,000)		
法人税等	(250,000)		
当期純（利益）	(416,000)		
	(9,994,000)		(9,994,000)

貸借対照表

20x2年3月31日　（単位：円）

資産		金額	負債・純資産	金額
現金		(268,000)	支払手形	(428,000)
当座預金		(455,000)	買掛金	(198,000)
受取手形	(640,000)		借入金	(800,000)
貸倒引当金	(19,200)	(620,800)	前受収益	(14,000)
売掛金	(460,000)		未払費用	(180,000)
貸倒引当金	(13,800)	(446,200)	未払消費税	(311,000)
貸付金		(348,000)	未払法人税等	(130,000)
商品		(516,000)	資本金	(3,000,000)
貯蔵品		(17,000)	利益準備金	(16,000)
前払費用		(105,000)	繰越利益剰余金	(564,000)
建物	(3,500,000)		（うち当期純利益 ￥	416,000)
減価償却累計額	(945,000)	(2,555,000)		
備品	(620,000)			
減価償却累計額	(310,000)	(310,000)		
		(5,641,000)		(5,641,000)

<参考図書>

岸川公紀編著　『演習簿記会計入門』五絃舎［2013］

木戸田力　『会計測定の方法と構造―複式簿記システム概説―』創成社［1999］

木戸田力編，岸川公紀著　『複式簿記基礎演習』創成社［2000］

木戸田力編著　『財務報告の方法と論理―複式簿記システム概説―』五絃舎［2019］

実教出版編集部　『平成25年度版日商簿記検定模擬試験問題集３級』実教出版［2013］

鶴見正史編著『複式簿記概説－財務報告の方法と論理－』五絃舎［2020］

日本商工会議所事業部　『【日商簿記３級】出題区分表改訂に対応したサンプル問題（仮）』
日本商工会議所［2018］

日野修造編著，岸川公紀・石橋慶一・山口義勝・洪慈乙・
江頭彰・木戸田力・緒方俊光・仁田原泰子　『簿記会計入門』五絃舎［2013］

渡部裕亘・片山覚・北村敬子　『検定簿記講義<平成30年度版>［３級／商業簿記］』
中央経済社［2018］

渡部裕亘・片山覚・北村敬子　『検定簿記ワークブック［３級／商業簿記］』中央経済社［2018］

著者紹介

岸川 公紀（きしかわ こうき）

中村学園大学短期大学部キャリア開発学科教授・博士（学術）

演習財務諸表作成の基礎

2019年３月25日　初版発行
2021年３月25日　第２版発行

著　者：岸川公紀
発行者：長谷雅春
発行所：株式会社五絃舎
〒173-0025
東京都板橋区熊野町46-7-402
TEL・FAX：03-3957-5587
組　版：Office Five Strings
印刷・製本：モリモト印刷

ISBN978-4-86434-126-4